改訂版 必ずできる！

相続・遺言・家族信託の手続ガイド

千田大輔 著

セルバ出版

はじめに

行政書士の千田《せんだ》大輔と申します。

皆さんは、1年間のうちに何件くらいの相続が発生しているかご存知ですか？　本書を執筆している直近の統計によると、約159万件の相続が1年間に発生しています。残念なことに、人は必ず亡くなるので、どのご家庭でも相続の問題に直面することになります。お亡くなりになった方全員の相続人の数が仮に2人だと仮定すると、1年間に318万人が相続を経験することになります。

私は、相続・遺言・生前対策専門の行政書士として、毎日のように相続や遺言の手続に関する相談、書類作成、手続代行サポートを行っておりますが、ご相談者のほとんどが相続手続の経験も知識もなく、何の手続から進めたらよいのか、どのように進めていけばよいのか、具体的な書類作成方法はどうしたらよいかなどについて、悩みを抱えておられます。

さらに、相続についての法律改正と新制度施行がここ数年で数多くあり、一般の方にとっては、新しい制度についていくだけでも大変な状況となっています。われわれ専門家の間でも、新ルールに戸惑いを感じながらも、何とかご相談者のお役に立ちたいという信念からインターネットやSNS、セミナー開催などを通して情報提供をしております。

しかし、情報が氾濫したこの時代に、インターネットのみ、SNSのみで情報を整理していくのは難しい面もあります。

私は、２００５年の行政書士事務所開業より、一貫して相続・遺言関連業務に専門特化し、多くの実務経験を積んできました。この経験をもとに、少しでもよりよい役に立つ情報を提供したいと考え、本書の執筆に至りました。相続遺言の実際の現場を１０００件以上見てきた経験を情報化し、本書を読めば相続・遺言のひととおりのことがわかるように工夫したつもりです。

高齢社会の到来とともに、遺言書の作成、遺言を使った相続手続も年々確実に増えております。統計データばかり出しますが、１年間に自筆証書遺言が家庭裁判所に持ち込まれる件数は、約２万件です。この統計より、単純計算で、亡くなる方の約１００人に１人が自筆証書遺言を遺していることがわかります。また、１年間に公正証書遺言が作成される件数は、約12万件程度です。私が行政書士事務所を開業した２００５年から比較すると、公正証書遺言の作成者は１・７倍増えたことになります。

このように、遺言についての関心も高まっていることから、相続だけではなく、遺言の作成や遺言を使った相続手続についても本書で知っていただきたいと思います。

さらに、近時、民事信託（家族信託とも称されています。「家族信託」は、一般社団法人家族信託普及協会の登録商標です）についての情報も、テレビや新聞で取り上げられることも多くなり、高い関心を呼んでいます。成年後見制度よりも柔軟な財産管理ができたり、遺言の代用にもなり得る家族信託について、相続・遺言とともに知っておくことにより、よりよい生前対策が可能となることから、本書で家族信託の仕組みから実際の手続の詳細までを紹介させていただきました。

信託法の仕組みを理解することは、一般の方には難しく、また、家族信託には多くの信託契約パターンが考えられることから、その理解を複雑にしてしまっている感じがします。

そこで、本書では、一般家庭向けの家族信託のみに対象を絞り、難しい信託パターンをあえて捨て、誰もが家族信託の利用ができるような構成にしてみました。

以上のとおり、本書を読めば、相続・遺言・家族信託の全体像を理解でき、さらに手続面でも私が経験した実務上の処理方法を詳細に解説していますので、より手続の場面がイメージしやすいのではないかと思います。ぜひ、本書を読んでいただき、ご自身で手続をしてみてもよいですし、専門家を上手に利用してもよいと思います。

※筆者は行政書士ですが、本書の内容には、登記関係、裁判書類関係、税務関係の記載もあります。登記関係は司法書士、裁判書類関係は弁護士および司法書士、税務関係は税理士がその専門家です。本書は、そのような資格者の協力や監修をもとに執筆しております。

改訂版では、令和6年(2024年)4月1日施行の改正事項等を織り込んで加筆修正しています。

2024年5月

千田　大輔

改訂版　必ずできる！　相続・遺言・家族信託の手続ガイド　目次

第3章　必ずわかる！　遺言知識編

第4章　必ずわかる！　家族信託知識編

第5章　必ずできる！　相続手続編

第6章　必ずできる！　遺言手続編

第7章　必ずできる！　家族信託手続編

第1章　相続・遺言・家族信託の最近の動向とポイント

1　令和元年前後の相続や遺言に関する法律改正事項のポイントをつかもう

適用時期に注意

相続や遺言に関する基本的ルールは、民法で規定されていますが、平成30年7月にその民法を改正する法律が成立しました。この改正民法によって、多くの新ルールが生まれましたが、改正民法のすべてが同時に施行されているわけではなく、平成31年1月より段階的に施行されております。また、令和3年以降は、空き地・空き家問題に対処するため、民法をはじめとした法律の改正が行われるとともに、新しく相続土地国庫帰属法が成立しています。

相続や遺言に関する改正民法は、本書執筆段階で既に施行されているものもあれば、まだ施行されていない（法律は成立しているが、実際の適用はまだということです）ものもあります。

本書は、相続や遺言に関する知識の整理と相続・遺言手続のガイドとして、読者に情報を提供するという目的のもとに執筆しておりますので、この改正民法についてもポイントをつかんでおく必要があります。

次に、この新ルールについて解説します（覚えておくべき重要な改正法を施行の順番に沿って記述しております）。

【図表１　自筆証書遺言の方式緩和】

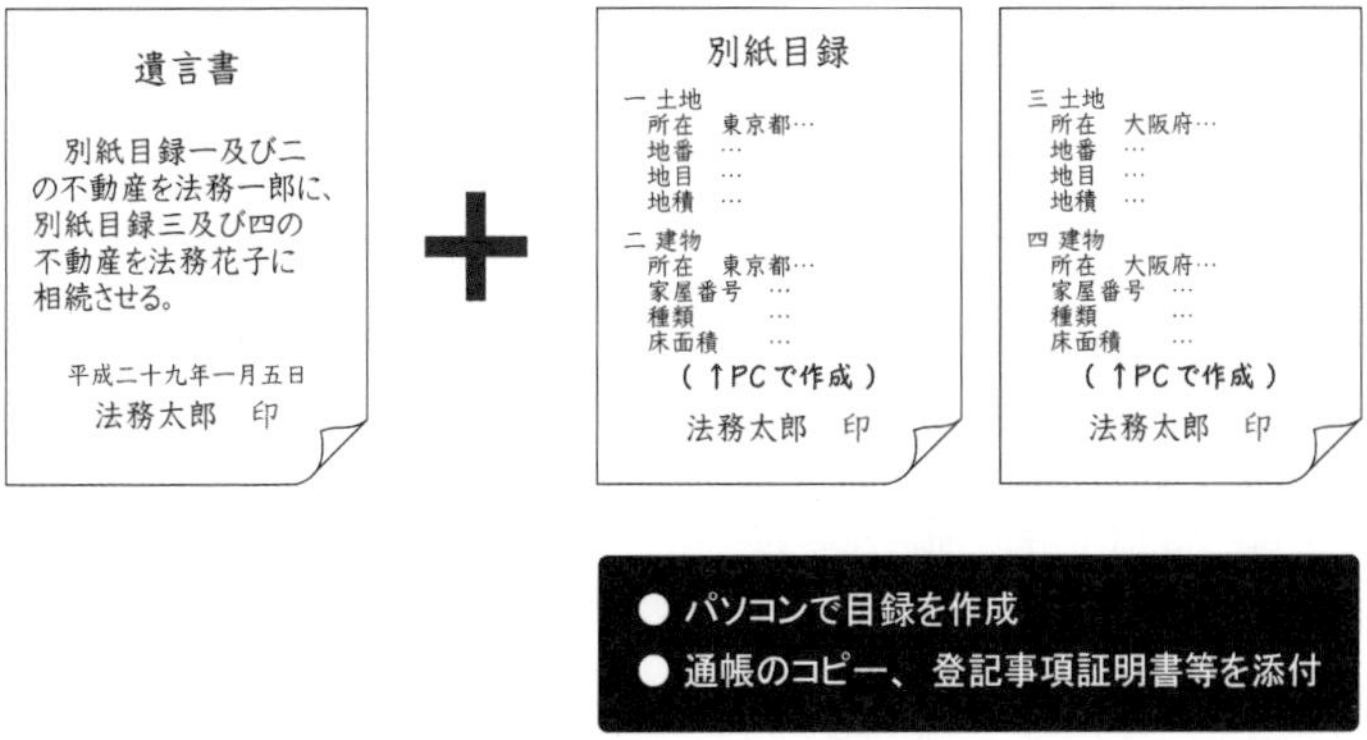

出所：政府広報オンライン

新ルール①　自筆証書遺言の方式緩和（２０１９年１月13日施行）

これまでのルールでは、遺言書を自筆で作成する際、その遺言書はすべての文字を自筆で書かなければならないとされていました。

しかし、これでは遺言者の財産が多い場合に、１つひとつの財産を誰にどれだけ相続させる、もしくは遺贈するという内容にする場合には、その文字情報が多くなり、遺言書を作成するのが負担になることも多々ありました。

そこで、遺言書の本文（主要な箇所）は従来どおり自筆で書く必要はありますが、遺言者の財産目録を本文とは別に作成する場合、その財産目録はパソコンでの作成でもよいということになりました。

また、不動産や預貯金が遺言者の財産の中に含まれているとき、その不動産の登記簿を遺言書に添付したり、預貯金通帳の写しを遺言書に添付したりして、不動産の登記記録や預貯金情報を自筆で作成しなくてもよくなりました。

ただし、そのような財産目録を作成したり、不動産登記簿や預貯金通帳のコピーを添付する場合でも、その書面には署名と押印が必要になるので注意が必要です。

新ルール②　婚姻期間20年以上の夫婦間における居住用不動産の贈与等の特例（２０１９年７月１日施行）

生前贈与とは、生前に自己の財産を無償で契約の相手方に譲る行為をいいますが、これはある意味、相続の開始（被相続人の死亡）を待たずして、相続財産を契約の相手方に前渡しする行為ともいえます。

この生前贈与を被相続人が贈与する側になってその配偶者に行った（配偶者はもらう側）場合、その配偶者は相続の前渡しを受けた者として、被相続人死亡後の相続人間での遺産分割協議の際に遺産を前取りしたとして評価を受ける可能性がありました。

そこで、改正法では、婚姻期間が20年以上の夫婦で、居住用不動産がある場合に限り、被相続人死亡後の生存配偶者の居住における生活基盤を守る必要性が高いことから、そのような婚姻期間が長い夫婦の居住用不動産（居住用建物とその底地）の生前贈与や遺贈（遺言による贈与）については、その前渡し行為（遺贈については死亡とともにその効力が発生する）が、相続人間での遺産分割協議や遺留分の算定の際に評価を受けずに、その贈与または遺贈した財産を考慮しないことがで

【図表２　婚姻期間 20 年以上の夫婦間における居住用不動産の贈与等特例】

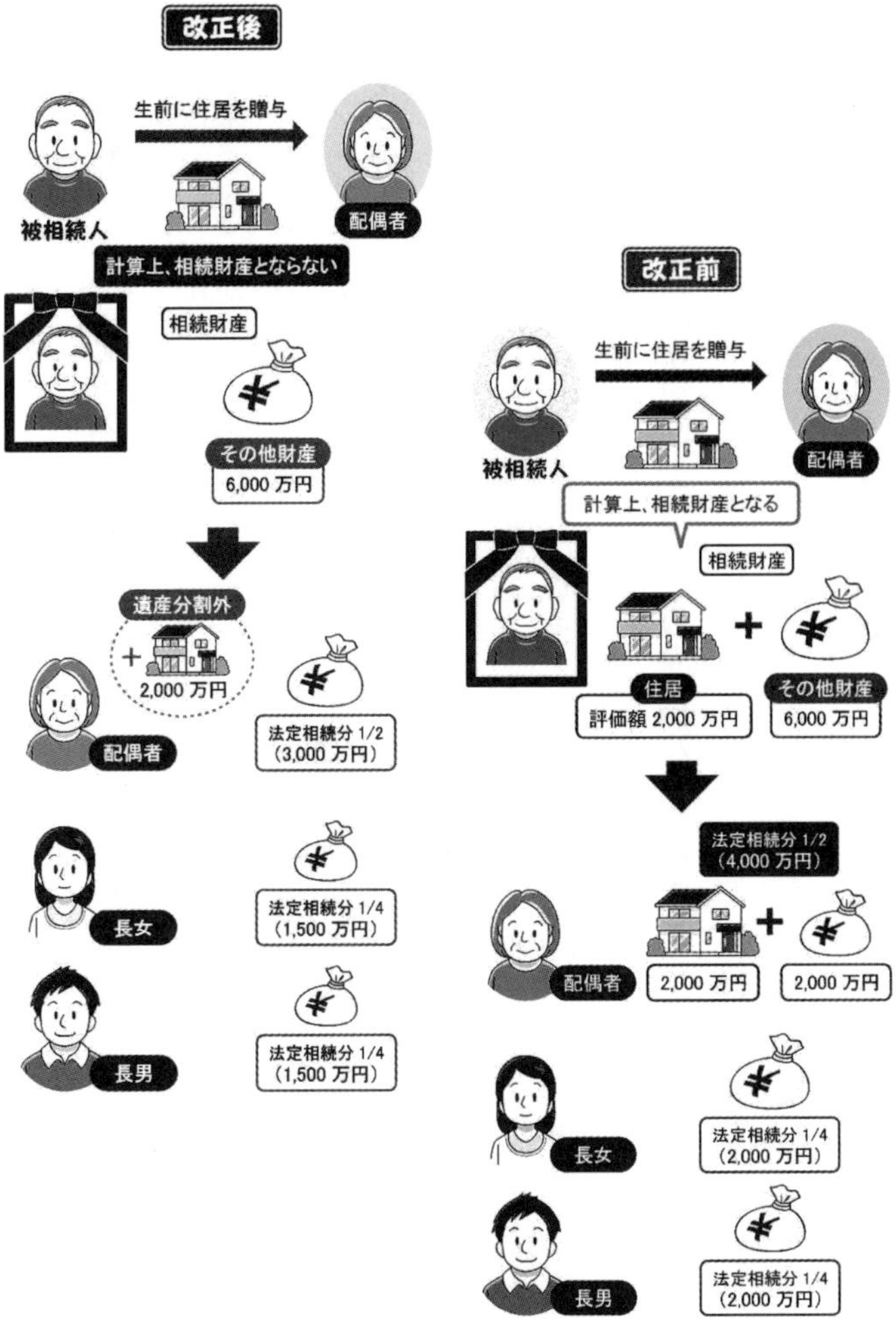

出所：政府広報オンライン

きるようになりました。

新ルール③　取り急ぎの預貯金の払戻し制度（２０１９年７月１日施行）

被相続人が亡くなると、葬儀を執り行ったり、病院や施設からの退去などで様々な費用の支払いがすぐに発生することが多いのが実情です。このとき、通常は、被相続人の預貯金よりそのような費用支払いのための原資を調達する（預貯金の引出しを行う）ことが多いと思いますが、金融機関は、被相続人の死亡を知った段階で被相続人の預貯金口座の取引を止め、口座の凍結がされます。

こうなってしまうと、すぐに費用の支払いが必要になった場合に、相続人においてその支払いに困るケースも出てきます。

口座凍結を解除するためには、遺言書がある場合を除き、相続人間において遺産分割協議を済ませる必要があったり、遺産分割協議が済んでいなくても、相続人全員の署名押印が必要な書類（金融機関所定の相続手続依頼書）を提出しなければなりません。

これでは、口座凍結解除と預貯金相続のために大変な時間を要することから、このような問題に対処するため、一定額（１つの金融機関で最大１５０万円）までは相続人間での遺産分割協議や相続人全員の署名押印を求めずに預貯金の払戻しができるようになりました。

払戻し可能額＝相続開始時点での預貯金総額×３分の１×払戻しを求める相続人の法定相続分

【図表３　預貯金の一部払戻し制度】

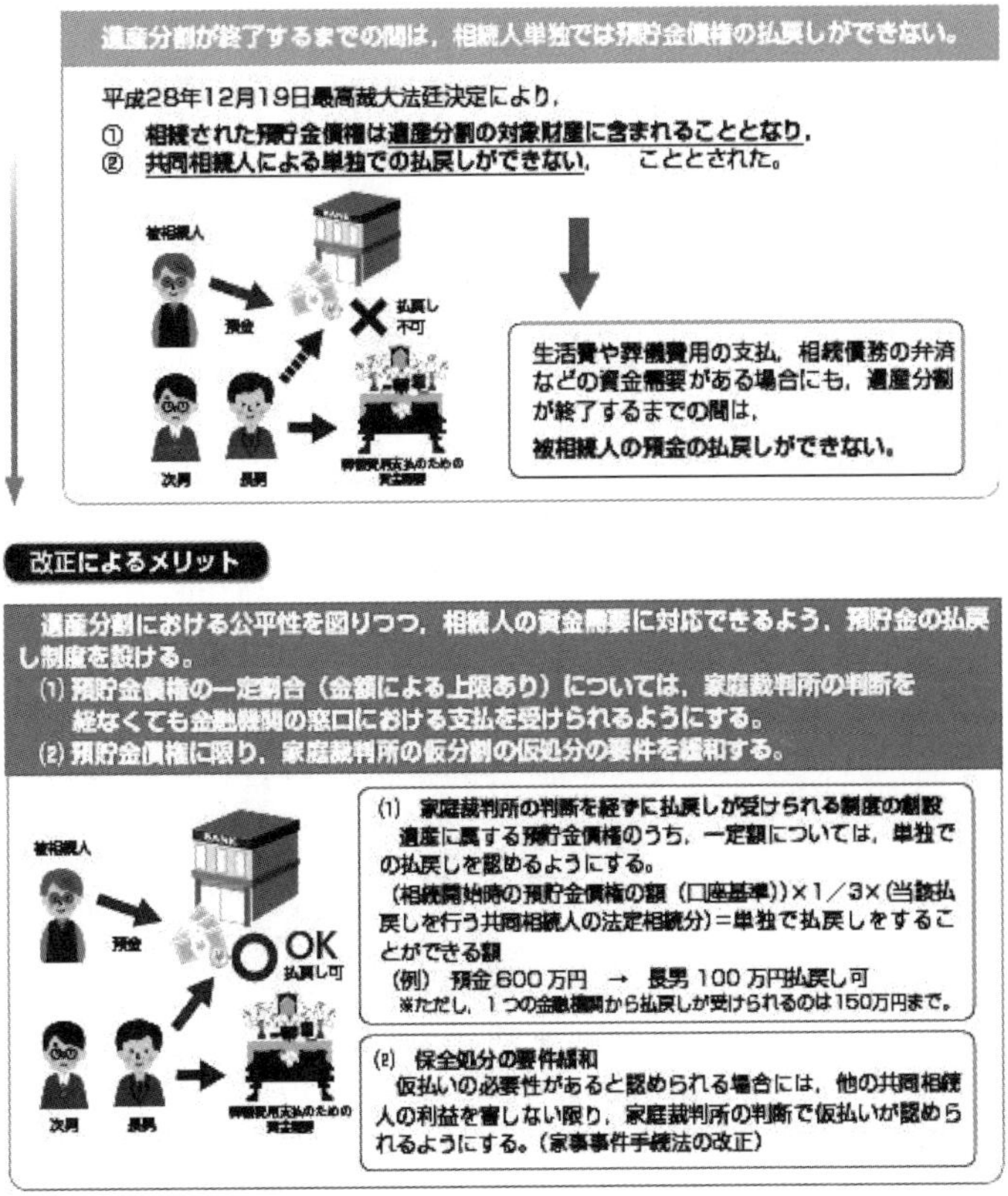
遺産分割が終了するまでの間は，相続人単独では預貯金債権の払戻しができない。
平成28年12月19日最高裁大法廷決定により，
① 相続された預貯金債権は遺産分割の対象財産に含まれることとなり，
② 共同相続人による単独での払戻しができない，　こととされた。
被相続人
預金
払戻し不可
次男
長男
生活費や葬儀費用の支払，相続債務の弁済などの資金需要がある場合にも，遺産分割が終了するまでの間は，
被相続人の預金の払戻しができない。
改正によるメリット
遺産分割における公平性を図りつつ，相続人の資金需要に対応できるよう，預貯金の払戻し制度を設ける。
⑴ 預貯金債権の一定割合（金額による上限あり）については，家庭裁判所の判断を経なくても金融機関の窓口における支払を受けられるようにする。
⑵ 預貯金債権に限り，家庭裁判所の仮分割の仮処分の要件を緩和する。
被相続人
預金
OK
払戻し可
次男
長男
⑴ 家庭裁判所の判断を経ずに払戻しが受けられる制度の創設
遺産に属する預貯金債権のうち，一定額については，単独での払戻しを認めるようにする。
（相続開始時の預貯金債権の額（口座基準））×１／３×(当該払戻しを行う共同相続人の法定相続分)＝単独で払戻しをすることができる額
（例） 預金600万円 → 長男100万円払戻し可
※ただし，１つの金融機関から払戻しが受けられるのは150万円まで。
⑵ 保全処分の要件緩和
仮払いの必要性があると認められる場合には，他の共同相続人の利益を害しない限り，家庭裁判所の判断で仮払いが認められるようにする。（家事事件手続法の改正）

出所：法務省パンフレット

最大1金融機関150万円までが上限とされていますが、全体の遺産に対する払戻し可能額の計算は次のとおりです。

新ルール④　遺留分制度の見直し（2019年7月1日施行）

遺留分の考え方は後述しますが、これまでのルールでは、相続人各自が持つ最低限の遺産の取り分（遺留分）について、遺留分の権利を持つ相続人が、自己の遺留分を侵害している相手方に対し、その権利を請求した際（この請求を遺留分侵害額請求《いりゅうぶんしんがいがくせいきゅう》といいます）、その遺産中に不動産があった場合などは、その不動産の共有状態が生じるケースがありました。

この共有状態が生じると、その財産を処分するにも共有者全員の同意が必要になることから、従前の遺留分制度ではかえって問題をこじらせることもありました。

そこで、このような問題を解消するために、遺留分侵害額請求を行った者は、不動産などの目的物に対し返還請求（現物返還請求）はできなくなり、その代わりにその目的物の価格相当額の支払請求（金銭請求）をすることができることになりました。

また、遺留分侵害額請求は、被相続人から生前贈与を受けた者に対しても行われることもあります。

従前のルールでは、かなり昔に行われた生前贈与についても、遺留分額算定のための財産にその生前贈与額を加算することもありました。

【図表４　遺留分制度の見直し】

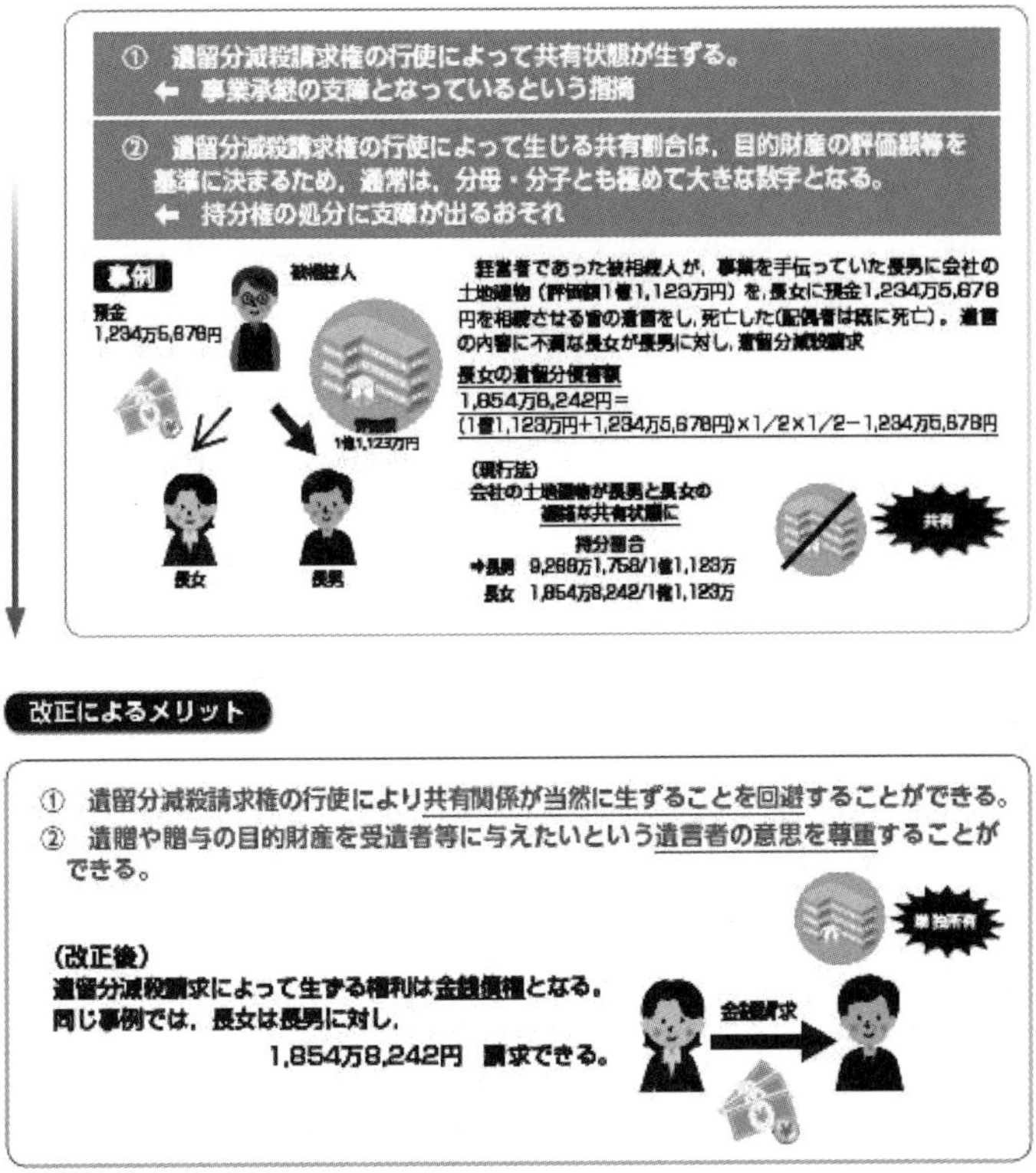

出所：法務省パンフレット

新ルールでは、相続開始から10年遡った生前贈与に限り、遺留分算定の基礎財産とすることとされました。

新ルール⑤　特別寄与料請求ができるようになった（2019年7月1日施行）

本書でも後述しますが、寄与分について、従来のルールでは、法定相続人以外の者には寄与分（被相続人に対して特別な寄与をしたことにより、その特別な寄与をした者の相続分を増加させる制度）による金銭請求等は一切認められませんでした。

しかし、これでは、被相続人と同居し、生前中の生活全般の面倒を見てきた同居相続人の配偶者などは、その寄与の度合いにかかわらず、遺産に対する権利が全くないものとして、トラブルになることもありました。

これに対処するには、被相続人に遺言書を書いてもらう、生前贈与してもらうなどして遺産の調整を図る必要がありました。

しかし、新ルールでは、相続人以外の者でも、相続人に対して特別寄与料の請求ができることになりました。したがって、必ずしも遺言書を作成してもらったり、生前贈与をお願いしたりする必要もなくなりました。

なお、特別寄与請求者は、相続人間での遺産分割には参加することはできず、あくまで相続人に対する金銭請求ができるにとどまります。

【図表５　特別寄与料の創設】

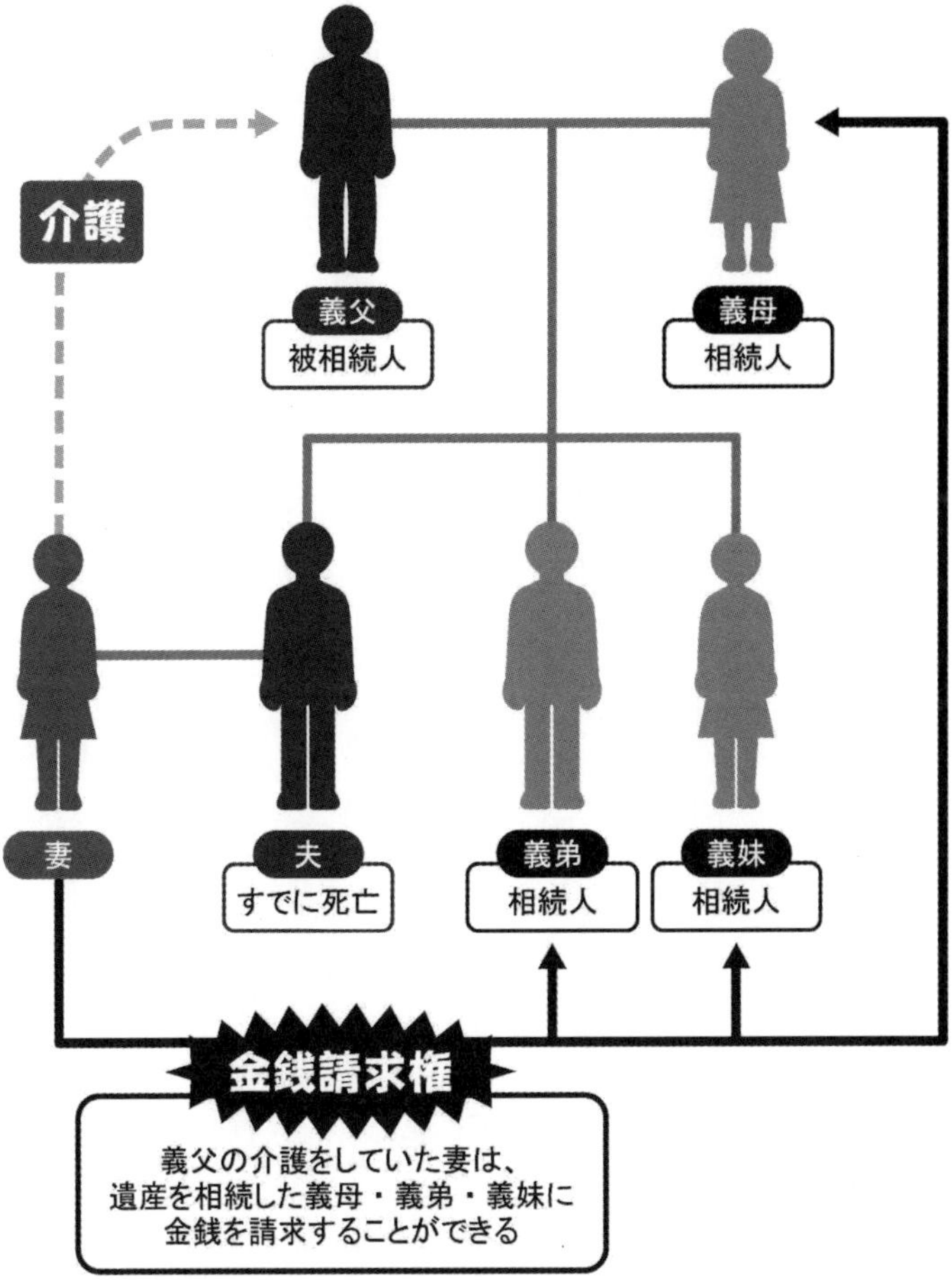

出所：政府広報オンライン

また、特別寄与料の金額算定においては、トラブルになるリスクはあります（実際にいくらの請求額が適正なのか）ので、この制度ができたからといって遺言書を書いてもらう、生前贈与をお願いすることが全く不要になったわけではありません。

新ルール⑥　配偶者居住権という新しい権利ができた（２０２０年４月１日施行）

相続の場面では、その相続財産中に不動産が含まれるケースはかなり多いといえます。その際、被相続人と生活をともにしていた配偶者が、遺産の構成の問題で不動産を相続すると、預金などのその他の相続財産を過少にしか相続できない事態が生じたり、不動産以外の財産を多く相続したことにより、住んでいた不動産から退去しなければならないという事態が生じることもままありました。

そこで、新ルールでは、不動産の相続の場面において、この配偶者の住居に関する権利を「配偶者居住権」という形でこれまでの「所有権」とは分けた新権利として創設し、「配偶者居住権」と「負担のついた（制限のある）所有権」というくくりで遺産分割協議を行うことができるようになりました。被相続人が遺言書を書いて、この配偶者居住権を配偶者に取得させることもできます（配偶者居住権について触れた遺言書は２０２０年４月１日以降に書かれた遺言書にのみ適用）。

この「配偶者居住権」の創設により、生存配偶者は、終身または一定の期間、居住する建物に無償で居住することができることになります。

【図表６　配偶者居住権の創設】

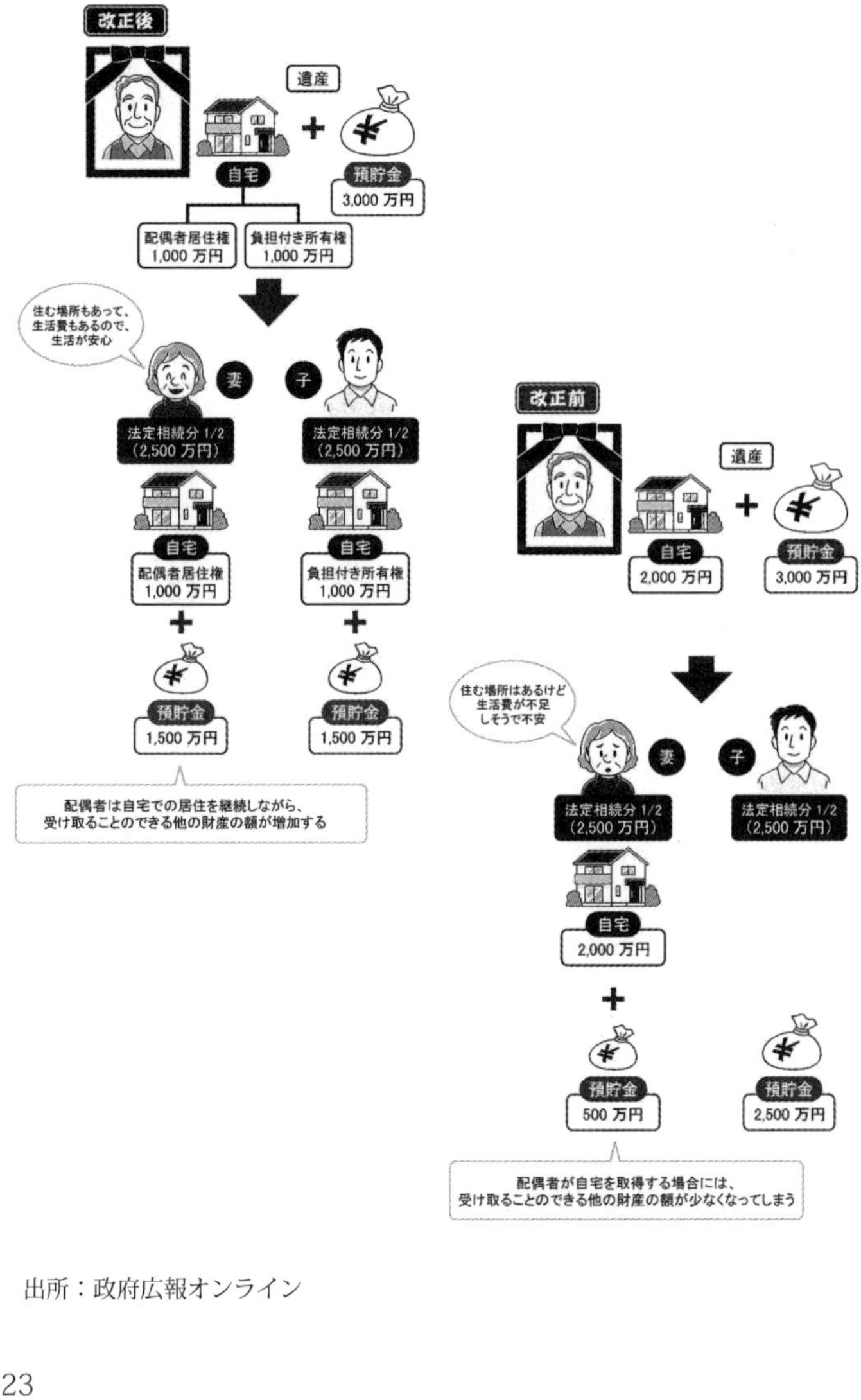

出所：政府広報オンライン

さらに、「配偶者短期居住権」という権利も創設され、先に述べた「配偶者居住権」の相続はしなかった場合でも、遺産に属する建物に住んでいた生存配偶者は、一定の期間（その建物を誰が相続するかの遺産分割協議が完了するまで。最低でも6か月の期間猶予もあり）、無償でその建物に居住することができます。これが「配偶者短期居住権」です。

新ルール⑦　法務局による自筆証書遺言の保管制度がスタートします（2020年7月10日施行）

これも後述しますが、遺言書の種類中、自筆証書遺言に限る運用として、自筆証書遺言を作成した遺言者は、2020年7月10日以降に、遺言者の住所地もしくは本籍地、または遺言者が所有する不動産の所在地を管轄する遺言書保管所（法務局）の遺言書保管官に対し、自筆証書遺言の保管を依頼する（申請する）ことができるようになります。

これまでのルールでは、自分で全文を書く自筆証書遺言につき、遺言者死亡後の検認（家庭裁判所において遺言書の存在を確認してもらう手続）が必須でしたが、この検認が法務局保管の制度を利用すれば不要となります。

これは、公正証書による遺言と同じ法律上の効果となり、公正証書による遺言の作成を望まない方にとっては、遺言者死亡後の相続人の事務処理の負担を減らす面や遺言書の保管管理の安全性の面などで有益な制度といえます。

なお、この法務局による遺言書保管制度は、自筆証書遺言のみに利用ができ、公正証書遺言や秘

【図表７　法務局における自筆証書遺言の保管制度】

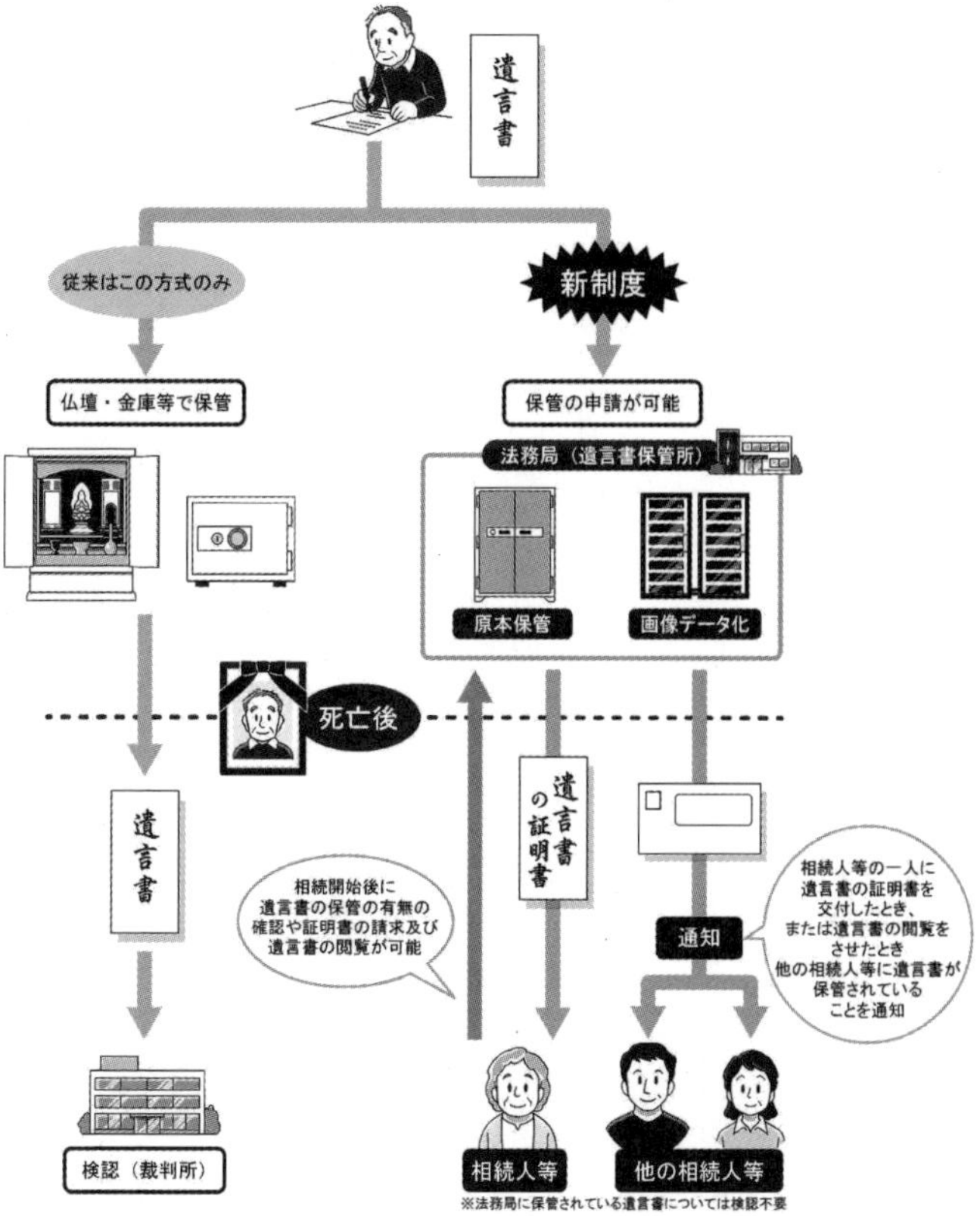

出所：政府広報オンライン

密証書遺言、一般危急時遺言などでは利用ができません。公正証書遺言は、遺言の原本が公証役場に保管され、遺言者には正本や謄本という遺言の控えが交付されますが、この正本や謄本を法務局に保管依頼できないということです。自筆証書遺言の保管に関しては、従来では銀行の貸金庫で保管したり、自宅の金庫で保管したりというケースが多かったのですが、今後は法務局による自筆証書遺言の保管が増えていくと思われます。

新ルール⑧　相続開始から10年が経ってから行われる遺産分割において、特別受益や寄与分を主張できなくなりました（２０２３年４月１日施行）

相続開始から10年が経過した後に遺産分割を行うときに、原則として特別受益や寄与分を主張することができなくなりました。これにより、被相続人が亡くなってから長期間が経ってから行われる遺産分割では、法定相続分または遺言により指定された相続分に従って遺産が分割されることになります。

このような期間制限は、遺産分割協議を先延ばしにした場合に生じる、当初の相続人が亡くなり相続関係者が膨大になる、特別受益や寄与分に関わる証拠が失われるといった問題を避ける目的で設けられました。なお、このルールは、施行日より前の相続にも適用されますが、経過措置により施行日から5年が経過するまでは猶予が設けられています。

新ルール⑨　相続財産における所在不明者の持分を裁判により取得・譲渡できるようになりました（２０２３年４月１日施行）

相続開始から10年が経ったとき、相続財産である不動産を数人が共有しており、その中に知ることのできない共有者、または所在を知ることのできない共有者（所在等不明共有者）がいる場合は、裁判所の決定があれば、その持分を他の共有者に取得させる、または第三者に譲渡することができるようになりました。

これまでは、相続人の1人と長年、音信不通となっているような場合には、裁判所に不在者財産管理人を選任してもらう制度が利用されてきました。しかし、財産の管理費用を予納しなければいけない場合がある、不動産の売却には裁判所の許可がいるといった問題がありました。また、所在不明となった人を死亡したものとみなす失踪宣告の制度もありますが、音信不通となって7年が経過していない場合は利用できないといった問題がありました。

新ルール⑩　相続財産に含まれる共有物を共有物分割の訴えのみで分割できるようになりました（２０２３年４月１日施行）

相続財産に被相続人が持分をもっている共有物があるとき、これまでは共有物を分割するには、共有物分割と遺産分割を併せて行う必要がありましたが、相続開始から１０年が経過し、相続人に異議がない場合は、共有物分割の訴えのみで分割できるようになりました。

新ルール⑪　相続土地国庫帰属制度がスタートしました（2023年4月27日施行）

地方の人口の減少や高齢化が進んだことで、特に地方の土地を所有することを望まず、手放したいと考える方が増えています。しかし、土地を売却しようとしても、すぐに買い手が見つかるとは限りません。また、所有者がわからない、所有者に連絡がつかない土地（所有者不明土地）の増加は、土地の再利用を阻む大きな問題となっています。

そこで、相続により土地を取得した場合に、一定の要件を満たした土地を国が引き取る制度が設けられました。相続財産を一切相続しない相続放棄の制度とは異なり、不要な土地だけを国庫に帰属させることができる制度です。

新ルール⑫　相続時精算課税制度に基礎控除が設けられました（2024年1月1日施行）

相続時精算課税制度とは、生前に行った財産の贈与が累積で2500万円になるまで贈与税の特別控除を受けられる代わりに、相続時に生前に贈与した財産と相続財産が合計されて相続税が課される制度です。この制度とは別に、贈与には1年間に110万円まで贈与税の基礎控除があり、これを利用して子や孫に毎年少しずつ財産を贈与する「暦年贈与」がよく行われます。しかし従来は、相続時精算課税を一度選択すると、毎年の贈与に基礎控除の適用を受けることができませんでした。

新しいルールでは、相続時精算課税を選択しても、1年間に110万円まで贈与税の基礎控除の適用を受けることができ、相続時には基礎控除された額を除いた金額が相続財産と合計されたうえ

【図表８　相続時精算課税と暦年課税の控除】

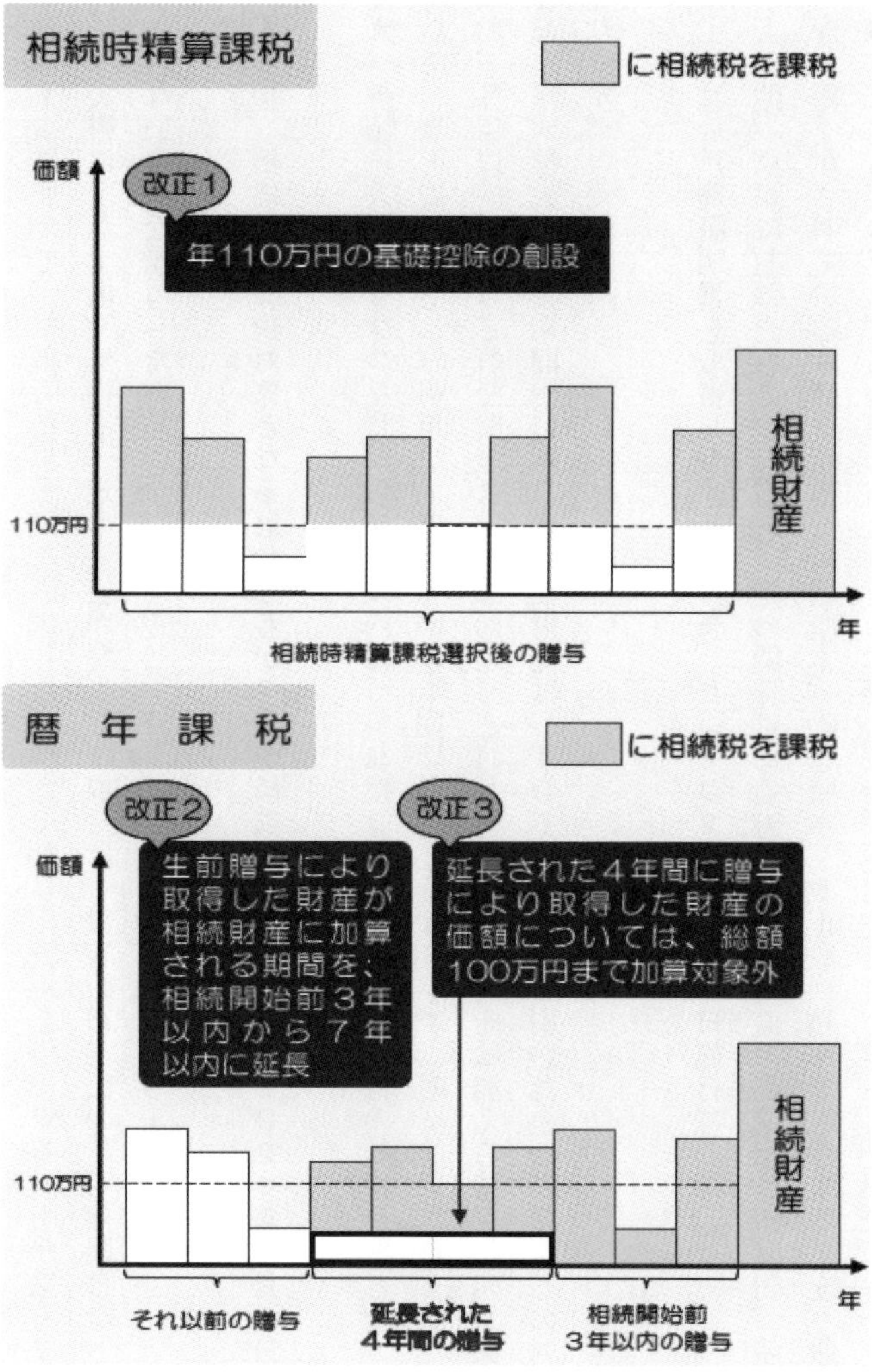

で相続税が課されるようになりました。

このルールに加えて、相続時精算課税を選択した方が亡くなり相続税を申告する期限が来るまでの間に、災害により土地や建物に一定の被害が発生した場合は、災害の被害額のうち保険金などで補填されない金額を贈与した財産の金額から差し引くことができるようになりました。

新ルール⑬　相続税の課税対象となる暦年贈与が7年間に拡大されました（2024年1月1日施行）

従来、被相続人が亡くなった時から3年以内に行われた暦年贈与は、相続税の課税対象となっていました。改正により、この期間が7年（令和8年12月31日までは3年）以内に拡大されました。なお、3年以内に贈与された財産は、全額が贈与された財産を相続財産に加える持戻しの対象となりますが、拡大された期間内に贈与された財産は、100万円を差し引いた金額が持戻しの対象となります。

新ルール⑭　戸籍証明書を取得しやすくなりました（2024年3月1日施行）

本人の他、戸籍に記録されている方と一定の関係にある方（配偶者、直系の父母や祖父母、子や孫）が、電子化されている戸籍証明書（戸籍謄本、除籍謄本、改正原戸籍）を取得するとき、本籍地が遠方にある場合でも、最寄りの市区町村の役場の窓口で証明書を取得することができるようになりました。

これにより、戸籍証明書の収集にかかる手間が大きく軽減されることが期待されています。

新ルール⑮　相続登記の申請が義務化されました（２０２４年４月１日施行）

相続や遺産分割により土地や建物を取得したときに、相続登記をすることが相続人に義務づけられました。相続人は、相続により土地や建物の所有権を取得することを知った日から3年以内、または遺産分割が成立した日から3年以内に相続登記をしなければいけません。相続人が、正当な理由がないにもかかわらず、相続登記をしないまま3年を過ぎてしまうと、最大で10万円の過料を科されてしまいます。

これまでは、土地や建物の相続があっても名義を変えずに放置されることがよくありました。しかし、そのような土地や建物は、管理する人がいないまま空き地や空き家となり、荒れ果てて近隣の迷惑となったり、景観を損ねたりする原因となっていました。

また、権利者の所在がわからないことで、再開発や災害からの復興の妨げとなる問題が生じていました。こうした問題に対処するため、相続人は、誰が土地や建物の権利を取得したのか明らかにしなければいけなくなりました。

2　家族信託のアウトラインをつかもう

テレビや新聞、ニュースなどで、「家族信託」が特集されることが多くなってきました。今後、家族信託は、より普及していくと思われますが、この家族信託という法制度（信託法に規定）は、一般の方にはまだまだ馴染めない面もあると思いますので、この章では大まかなアウトラインの説明のみをして、家族信託の仕組みを理解していただきたいと思います。詳しくは、第4章で解説をします。

家族信託は財産管理方法の新手法

家族信託では、主に図表8のような登場人物が出てきます。

これまでの財産管理と言えば、親が子に財産の管理を依頼し、子は親から指示された財産管理事務を行ってい

【図表9　家族信託の登場人物】

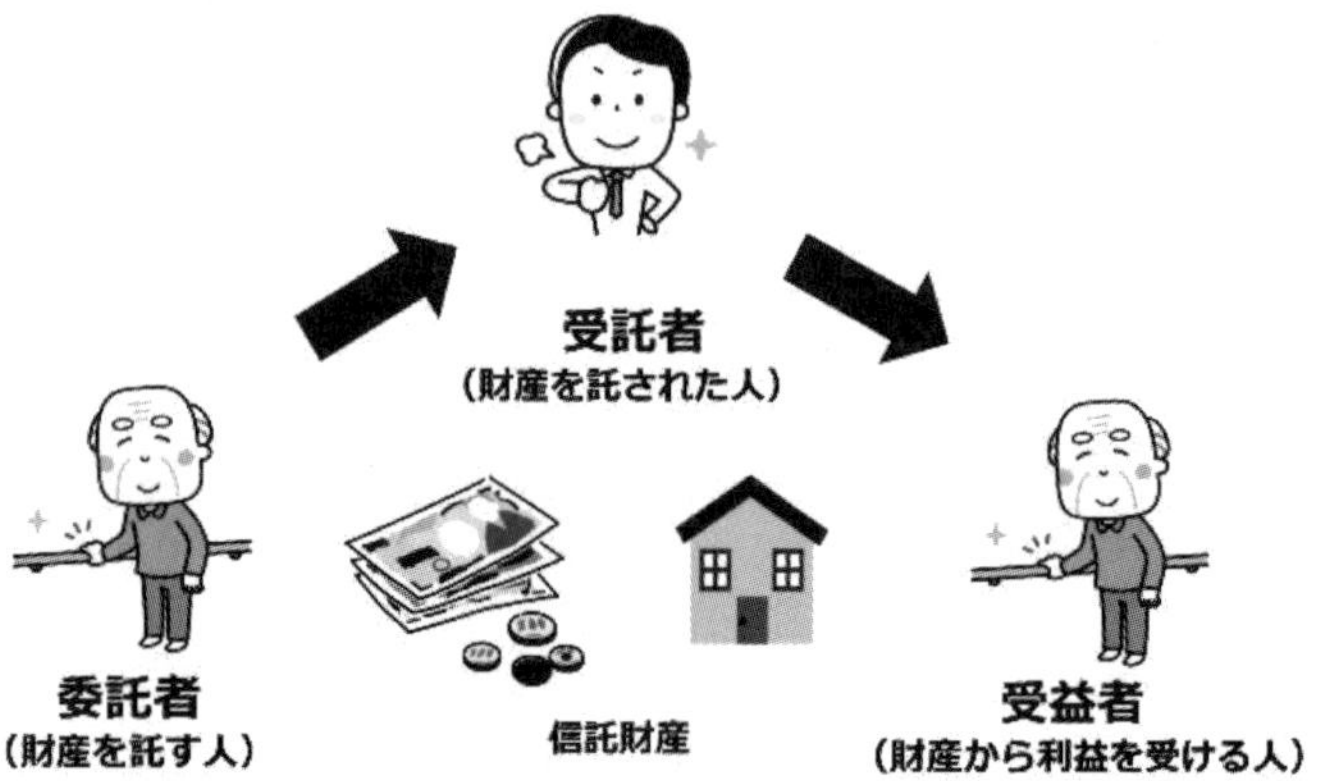

く中で、その財産管理事務の目的物の所有権はあくまで親に残ったままでした（親子間で目的物の売買や贈与などをした場合は除く）。

このとき生じる問題としては、いくら子が有する財産管理事務の権限の範囲に、その目的物の処分権限や財産の資産運用権限が含まれていても、実際の取引の場面では、本人（親）が所有権を有するということで、子がその権限を使って目的物を処分したり、資産運用したりするのが現実難しいことが多いのです。

そこで、この問題に対処するため、信託法による財産管理手法を用いることになります。信託法による財産管理の考え方は、財産管理を託す目的物（信託財産）のオーナー（委託者）が、財産管理を託される者（受託者）に目的物の所有権を形式的に譲渡し、その委託者の指示によって、その目的物から得られる利益者（受益者）のために財産を管理・運用・処分等してくださいという関係性が構築されます。

財産を託された者（受託者）は、形式的に所有権を持っていますが、あくまで形式的なので、真のオーナーは実質的にその目的物から得られる利益者（受益者）ということになります。

この信託法による財産管理手法を使うと、従来の財産管理ではできなかった、目的物を託された者（受託者）による財産の処分や資産の運用も可能となります。

取引の相手方は、形式的であれ、所有権を有する相手方を取引の相手方にできるため、契約トラブルのリスクを回避できます。

遺言書では実現できない財産承継の新手法

家族信託は、もう1つ重要な機能があります。それは、遺言に代わる財産承継の新手法としての機能です（信託法によれば、他にも多くの機能を使えますが、一般の方には複雑な面があるので、本書では先の財産管理と財産承継の2つに絞って解説します）。

遺言書では、遺言者死亡後の財産の承継先を細かく指定ができ、遺言書がない場合における遺産分割協議を不要にして、無用な争いを防ぐ機能があります。

しかし、遺言書でもできないことがあります。それは、2代先、3代先の財産承継先の指定です。例えば、遺言書で、「不動産のすべては長男に相続させる。長男がそれら不動産を相続した後、長男が将来死亡した場合は、それらの不動産は長男の子Aに相続させる」というような、2代先、3代先までの指定です。

このように、遺言書ではできなかった財産承継の紐づけが、家族信託では可能となっています。これは、財産管理を託す不動産などの目的物のオーナー（委託者）が、形式的な所有権を受託者に移し、目的物から得られる利益者（受益者）が実質的なオーナーになる関係を信託によって構築できることから、信託の仕組みをうまく使うことによって、その受益者を複数名にしたり、死亡などによる事由の発生順にその利益者の入替えを自由に設定できるからです。

つまり、家族信託は、遺言の代用となり、なおかつ、遠い将来の承継先指定も細かく指定できる機能を持っていることになります。

【図表 10　家族信託の遺言代用機能】

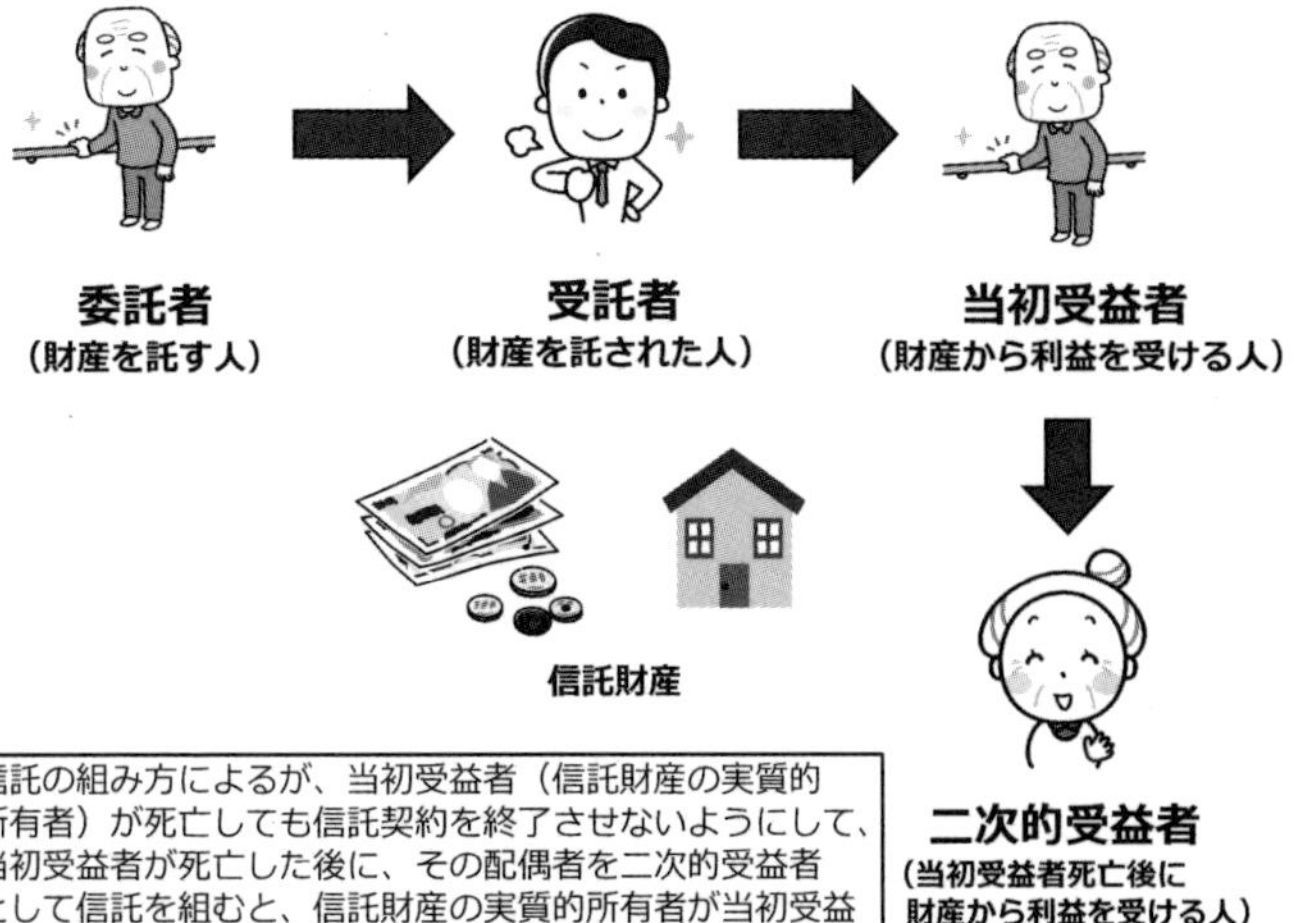

信託の組み方によるが、当初受益者（信託財産の実質的所有者）が死亡しても信託契約を終了させないようにして、当初受益者が死亡した後に、その配偶者を二次的受益者として信託を組むと、信託財産の実質的所有者が当初受益者の死亡を契機として移転する。**（遺言代用機能）**

具体的には、委託者（男性）が再婚歴のある人だとして、その委託者が前妻との間に子がおり、その子に将来、自宅不動産を相続させたいが、委託者死亡後の後妻の生活も守りたいという場合に、信託の組み方としては、当初の受益者を委託者本人（委託者が受益者にもなることを自益信託といいます）とし、当初の受益者が死亡した後は後妻を二次的な受益者とし、二次的受益者である後妻が死亡した場合に、信託を終了させることにして、信託が終了したことによる自宅不動産の帰属権利者を前妻との間の子にすれば、後妻の生活基盤を守りながら、最終的には自己の遺産を子に相続させるということが可能となります。

これは、１つの遺言書だけでは実現ができないことなので、このようなケースでは家族信託の利用が必要です。

家族信託を終活の一環として利用する

高齢社会の現在では、「終活」を行う方が増えてきています。エンディングノートや遺言書の作成、葬儀の事前準備や墓じまいなども「終活」の一種です。

家族信託は、前述したように、遺言の代用機能や財産管理機能があるので、この家族信託も「終活」の一環として今後その利用が増えていくと思われます。

筆者の事務所において財産管理でのご相談があった場合は、法律的な解決策として成年後見制度・任意後見契約・財産管理等委任契約・見守り契約などを、死後の財産承継についてのご相談には遺言書の作成を提案しておりましたが、信託法の仕組みを研究した結果、家族信託も大変に有効な生前対策の方策であることに気がつき、この家族信託も提案するようになりました。

家族信託は、1つの枠組みの中で遺言代用機能と財産管理機能を持たせることができるので、例えば、財産管理等委任契約の締結と遺言書作成という2つの法務対策（法務手続）を取る必要があった場合に、極論、その2つの法務対策を取らずに家族信託1つで済ませることも可能です。

これまでの法律面での「終活」は、相続や遺言、後見といったキーワードが思い浮かぶことが多かったのですが、この家族信託も「終活」の一環として選択肢の1つに入れていただくとよいと思います。

家族信託は、これだけですべて解決できるものではありませんが、家族信託から漏れた財産（信託財産）は遺言書の作成もして補完したり、任意後見契約や見守り契約、死後事務委任契約と家族信託を組み合わせて生前対策を取ることも「終活」の一環となるでしょう。

第2章　必ずわかる！　相続知識編

1　相続の場面で出てくる登場人物―被相続人と相続人・受遺者・特別縁故者

人が亡くなると、その人が持っていた財産は相続人に引き継がれます。亡くなった人のことを被相続人《ひそうぞくにん》と呼び、財産を承継する権利や義務のある人を相続人《そうぞくにん》と呼びます。

それでは次に、具体的な相続人についての説明をします。

相続人①　配偶者

被相続人が亡くなった時点で、生存配偶者がいれば、その配偶者は他の相続人（子や親や兄弟姉妹等）とともに相続人になります。つまり、被相続人の配偶者には、一部の例外を除いて、常に相続権があるということです。

離婚した元配偶者には相続権がありません。また、内縁関係にある配偶者も、法律に基づく配偶者とは言えない者として相続権を否定されています。

相続人②　子

被相続人に子がいれば、その子は相続人になります。被相続人に配偶者がいれば、子はその配偶者とともに相続人になります。

被相続人と養子縁組している養子は、実子と全く同じ相続権を持ちます。被相続人が過去に再婚しており、前配偶者との間に生まれた子も相続人です。離婚時に子の親権を離婚相手に与えていたとしても関係がありません。

そのほか、被相続人と婚姻関係にない相手との間で子を設けていた場合（法律用語では非嫡出子《ひちゃくしゅつし》と呼ばれる）、被相続人がその子を生前に認知もしくは遺言によって認知していれば、非嫡出子にも相続権が発生します。

ケースとしては少ないのですが、被相続人が死亡した時点で、配偶者（妻）が懐胎していた場合、その赤ん坊が生きて生まれてくれれば、その赤ん坊にも相続権があります。

当事務所では、未亡人の方から、「亡くなった夫が再婚者で、前妻との間に子がいるのだけれども、その相続手続はどうしたらよいか」という相談がかなりあります。複雑な事情を抱える相続問題については、１度専門家に相談されることをおすすめします。

相続人③　孫やひ孫

子の相続については前述のとおりですが、その子が被相続人よりも先に死亡しており、その死亡した子にさらに子供がいた場合を考えます。もっと簡単に言うと、被相続人の孫にも相続が発生する場合を考えます。

被相続人の孫に相続が発生する条件は、被相続人よりも先に、または被相続人と同時に子が亡

【図表11　代襲相続が発生している場合】

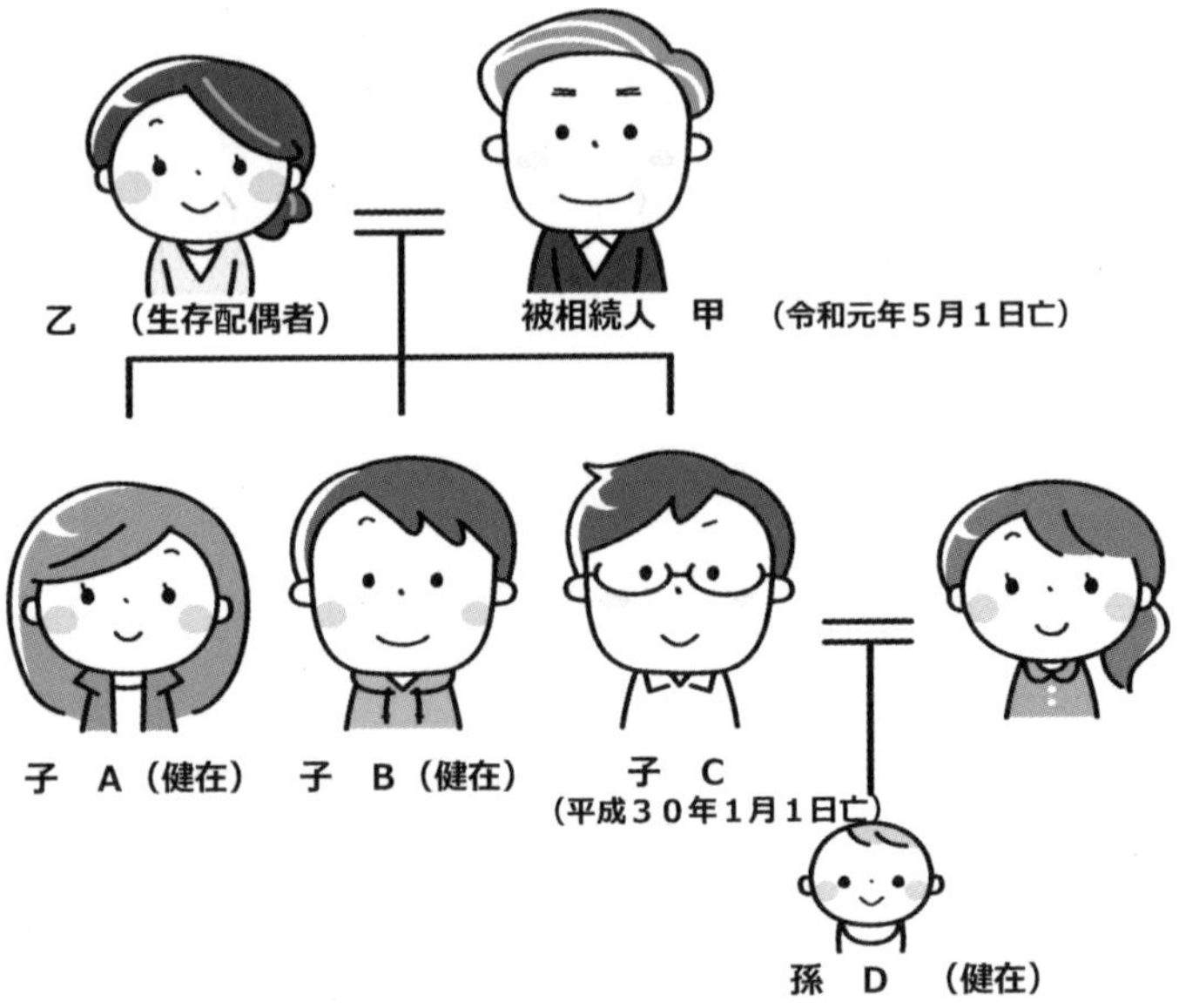

くなり、かつその亡くなった子に生きている子がいることが必要です。専門用語で、これを代襲相続《だいしゅうそうぞく》といいます（図表11参照）。

・被相続人甲…令和元年5月1日死亡
・被相続人の妻乙…生存している
・被相続人の子Aと子B…生存している
・被相続人の子C…平成30年1月1日死亡
・被相続人の孫D…生存している

図表10の事例の場合、相続人は誰になるかわかりますか？

甲の配偶者である乙は、常に相続人になります。次に、被相続人の下の世代（直系卑属といいます）を考えると、相続する権利のある人は、子Aと子Bはもちろん相続人になり、子Cは生きていれば本来相続人になれたのですが、被相続人よりも先に死亡しているため、そのCが相続できたはずの権利義務をCの子である（被相続人の孫）Dが代わって相続することになります。これが代襲相続のルールです。

ちなみに、代襲相続は、被相続人の下の世代の場合、ずっと下の世代まで代襲されますので、この例で、子Cが被相続人よりも先に死亡し、孫Dも被相続人よりも先に死亡し、孫Dに仮に子がいた場合（ひ孫E）であっても、そのひ孫Eは相続人となります。この場合を再代襲《さいだいしゅう》といいます。再代襲は、直系卑属のみに適用され、兄弟姉妹には適用がありません。

このように、代襲相続といわれる相続のルールを理解せずに相続手続を進める方がいますので注意が必要です。

相続人④　親

それでは次に、被相続人の親の代に相続が発生する場合を考えます。

まず、重要なことは、被相続人に子供や孫がいる場合（直系卑属がいる場合）は、原則的に親の代に相続権が発生することはありません。相続のルールでは、相続人の地位に順位が定められており、親は子に次ぐ第２番目の順位になりますから、被相続人に子や孫がいる場合は、親の代には相続権が回ってきません（子全員が家庭裁判所を通した相続放棄を申述して、その相続放棄が受理された場合は除きます）。

被相続人に子や孫（直系卑属）がいなく、配偶者と親がいる場合は、その配偶者と親が相続する権利を持ちます。

相続人③で述べた代襲相続は、親にはありませんが、被相続人に子がなく、かつ両親とも死亡していて、被相続人の父方もしくは母方のいずれかの祖父母が1人でもご健在の場合、その祖父母に相続権が回ってきます。

なお、親が相続人となるケースで、例えば父が死亡しているが母は健在な場合、父方の親（被相続人から見て父方の祖父母）が健在であったとしても、この場合の相続人は母のみとなります。被相続人の上の世代（直系尊属といいます）が相続人となる場合は、親等の近い者のみが相続人となります。

相続人⑤　兄弟姉妹

被相続人の財産を兄弟姉妹が相続する場合について考えましょう。

被相続人の兄弟姉妹に相続が発生する条件は、被相続人に子や孫などの直系卑属や、親・祖父母などの直系尊属もいないことが必要です。兄弟姉妹の相続順位は、第3番目になります。被相続人自身が未婚であったり、結婚はしていたものの子がいないケースでは、兄弟姉妹に相続権が発生することが多くなります。

相続人④と同じく、このケースで配偶者がいる場合、配偶者は兄弟姉妹とともに相続人とされます。

なお、このケースで被相続人のすでに死亡している親が再婚をしており、その親が離婚前の配偶者との間に子を設けていた場合、その子（異父・異母兄弟姉妹）も被相続人の兄弟姉妹として相続権を持ちます。

相続人⑥　甥・姪

兄弟姉妹に相続権が発生する方には注意して読んでいただきたいと思いますが、被相続人に子や孫（直系卑属）、両親や祖父母（直系尊属）がいない場合は、兄弟姉妹に相続する権利が与えられますが、それと同時に被相続人の甥や姪に当たる方が相続するケースも多く見受けられます。

甥・姪が相続する条件は、被相続人の兄弟姉妹が相続人になるケースで、その兄弟姉妹のうち、被相続人よりも先に、もしくは被相続人と同時に亡くなっている兄弟姉妹がおり、その亡くなっている兄弟姉妹に子（被相続人から見て甥や姪）がいる場合です。つまり、兄弟姉妹が相続人になるケースでも、相続人③で述べた代襲相続のルールが適用されるということです。

被相続人が高齢で亡くなった場合、その兄弟姉妹もある程度の年齢を重ねていることから、兄弟姉妹の方でも被相続人よりも先にお亡くなりになるケースは現実的に多くなります。そして、すでに亡くなった兄弟姉妹の方に子（被相続人から見て甥や姪）がいれば、その甥や姪も相続人になるというわけです。

【図表12　甥や姪が相続人になる場合】

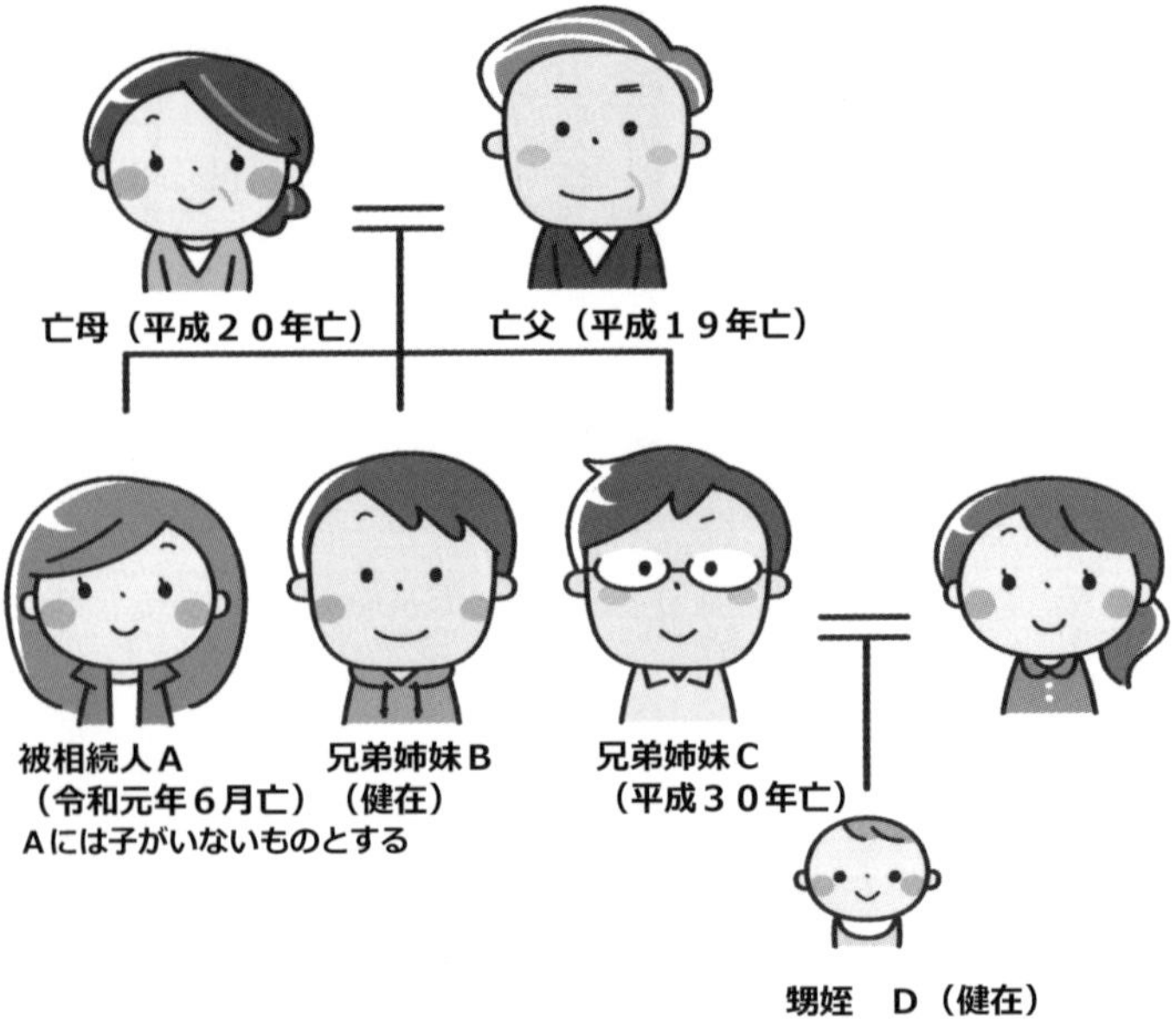

図表12のケースでも配偶者がいる場合、配偶者は甥姪とともに相続人となります。

・被相続人Ａ…令和元年６月死亡
・被相続人の父…平成19年死亡（父方の祖父母も亡くなっているものとする）
・被相続人の母…平成20年死亡（母方の祖父母も亡くなっているものとする）
・被相続人の兄弟姉妹Ｂ…生存している
・被相続人の兄弟姉妹Ｃ…平成30年死亡
・被相続人の甥姪Ｄ…生存している

このような相続人の組合せで相続が起こる方もいらっしゃいます。

被相続人Ａには、子や孫などの直系卑属がおらず、両親ともに死亡しており（直系尊属が全員死亡）、健在な兄弟姉妹Ｂの他にも被相続人よりも先に死亡している兄弟姉妹Ｃがいて、そのＣに子Ｄ（被相続人から見て甥姪）がいますので、相続人の組合せとしては、健在な兄弟姉妹Ｂと健在な甥姪Ｄが被相続人Ａの相続人となります（被相続人に配偶者がいた場合は、その配偶者と兄弟姉妹Ｂと甥姪Ｄが相続人となります）。

甥姪にしてみれば、突然、叔父もしくは叔母の財産を相続する権利があると言われればびっくりするでしょうが、これも相続におけるルールです。生きている兄弟姉妹だけが相続人になるわけではないので注意が必要です。

本来の相続人以外⑦　受遺者

被相続人が自分の死後の財産を相続人ではない誰かに遺贈《いぞう》するという遺言書を遺していた場合、その遺言書に書かれた人は被相続人の財産を取得できます。遺言によって財産の引継ぎを受ける人を受遺者《じゅいしゃ》と呼びますが、これは本来の相続人以外の者に財産を取得させる場合に使われる言葉です。本来の相続人に対して、遺言により財産を相続させる場合は受遺者とは呼びません。

ここで覚えておきたいことは、遺言があればどんな人（法人を含む）に対しても財産を譲ることができるということです。公益法人などの法人に対しても財産を遺すことができます。このことは、配偶者・子・親・兄弟姉妹のような法律によって定められている相続人が、遺言がなければ本来相続できるはずの権利を奪ってしまう（遺留分権がある相続人の遺留分の権利を除く）効力がありますので、相続人は被相続人の死後、きちんと故人が遺言を遺していないかの確認をする必要があることを意味します。

本来の相続人以外⑧　特別縁故者への財産分与

特別縁故者《とくべつえんこしゃ》への財産分与という、相続権自体がない者への遺産の財産分与制度があります。法律用語で、被相続人と生前特別な縁故があった者のことを「特別縁故者」といいます。

特別縁故者への財産分与を利用する場合、まず、被相続人に相続人が1人も存在しない（相続人不存在）ことが必要です。

特別縁故者への遺産の財産分与を求めるためには、まずは、相続人の存在を1人も確認できないということを求めて家庭裁判所に相続財産管理人の選任を申し立てる必要があります。特別縁故者への財産分与申立ての前提として、ただ単に相続人が1人もいないことだけでは足りず、特別縁故者の候補者には、被相続人と生前特別な縁故があった者（被相続人と生計を共にしていた・被相続人の療養看護をしていたなど）という条件が必要です。

特別縁故者であると主張する者が、「私は生前あの人に尽くしていたから特別縁故者だ」と思っても、家庭裁判所によって特別縁故者として認めてもらえなければ特別縁故者には該当しません。

特別縁故者になり得る人の事例として多いのが、事実上の配偶者（内縁の妻など）や、事実上の養子（養子縁組をしていないが、生前一緒に生計を共にしていた）でしょう。

2　相続人が有する権利と義務―法定相続分

遺産分割の基準

人が亡くなれば、大抵、何らかの財産なり遺品が残されますが、それを相続人間で分ける場合、どのような基準で遺産を分割すればよいのか判断に迷うところです。

相続のルールを定めた民法は、各相続人が遺産に対してどれくらいの割合で権利や義務を持つのかということを定めています。これを法定相続分といいます。

法定相続分という規定が民法上定められているとは言っても、必ずしもこのように遺産を分割する必要はありません。法定相続分に必ず従うとすれば、不公平な遺産分割になるケースもありますので、法定相続分はあくまで遺産分割の基準になるというだけです。

それでは、法定相続分についてケースごとに説明します。

相続人が配偶者・子のケース（図表13参照）

被相続人に配偶者と子（養子は実子と全く同じ権利を持ちます。また、婚姻関係にない男女間で生まれた子である非嫡出子も実子と全く同じ権利を持ちます。次の記載も同様です）がいる場合、

【図表13　被相続人が金1000万円の財産を遺していた場合】

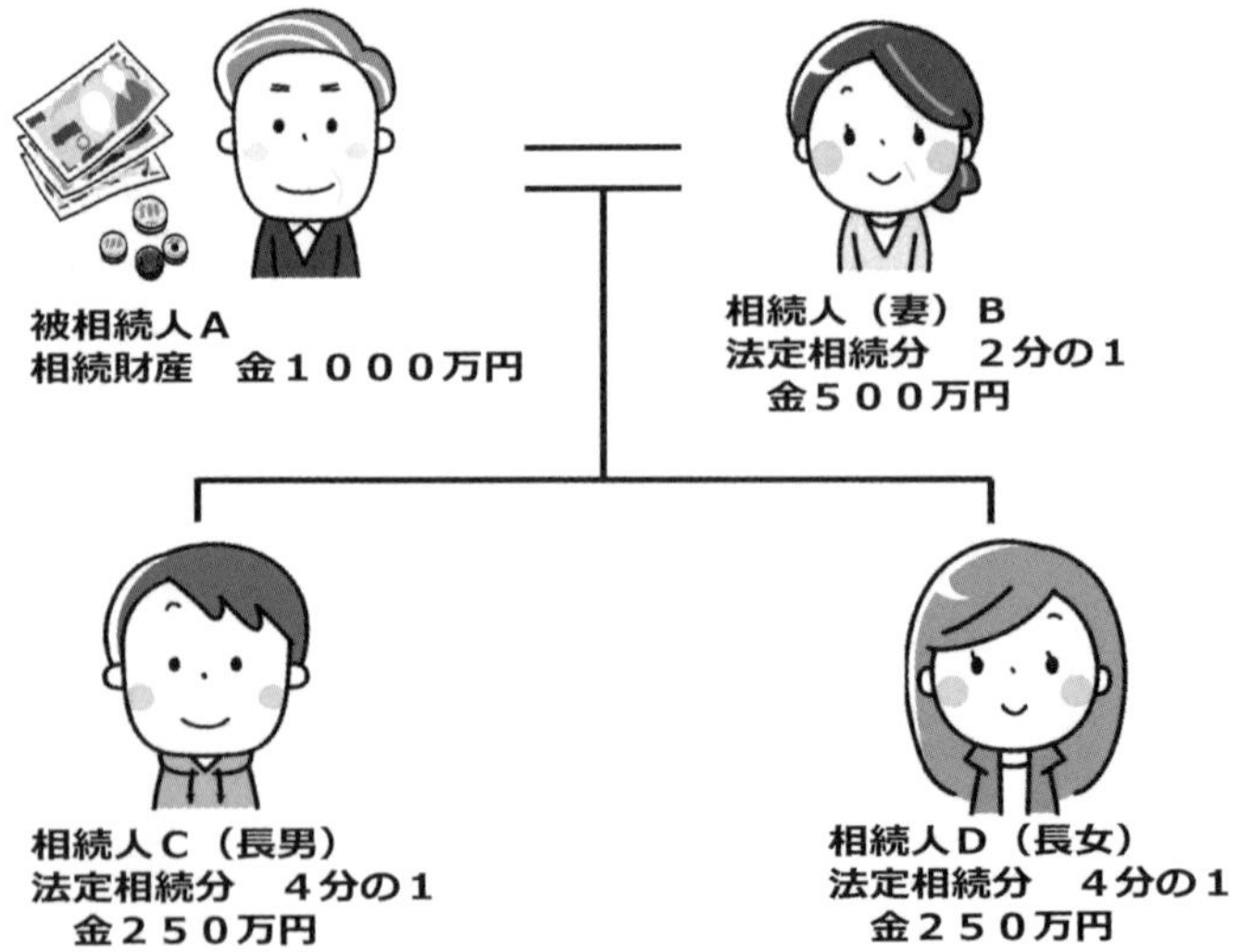

その配偶者は全体の遺産に対して2分の1の法定相続分を持ちます。

被相続人に配偶者のほかに子がいる場合、子は配偶者と同じく2分の1の法定相続分を持ちます。ただし、子が2人以上いる場合は、その2分の1をさらに子の人数で分けます。したがって、子が2人の場合は、子1人当たりの法定相続分は2分の1÷2＝4分の1です。人数に応じて、2分の1÷3＝6分の1（子が3人の場合）、2分の1÷4＝8分の1（子が4人の場合）というように計算すれば、子の人数に応じた法定相続分の計算ができます。

配偶者と子が2人の場合は、次のようになります。

・配偶者（B）…1000万円×2分の1＝500万円

・子C、D…1000万円×4分の1＝250万円

配偶者は、必ず1人しかいませんから簡単ですが、子は複数いる場合がありますので、このように計算します。

なお、このケースで、仮に子Cが被相続人よりも先（もしくは同時）に死亡し、子CにEとFという子がいた場合、被相続人から見て孫に当たるEとFも相続人となり（EとFは代襲相続人といい、Cを被代襲相続人といいます）、このEとFの法定相続分は、被代襲相続人Cが生きていたとすれば受けていたであろう法定相続分4分の1を代襲相続人EとFの2人で分け合うことになり、結果、EとF各人の法定相続分は4分の1÷2＝8分の1ということになります。

相続人が子のみのケース

それでは、被相続人に配偶者がいなく、子のみの場合について考えます。

子が1人の場合、その子が遺産全部を相続できます。子が2人以上いる場合には、その遺産全部を子の人数で均等割りして法定相続分を出します。

■子2人のみの場合（図表14参照）

・子Bは1000万円×2分の1＝500万円

・子Cは1000万円×2分の1＝500万円

■子3人のみの場合（図表15参照）

【図表 14　被相続人が金 1000 万円の財産を遺していた場合】

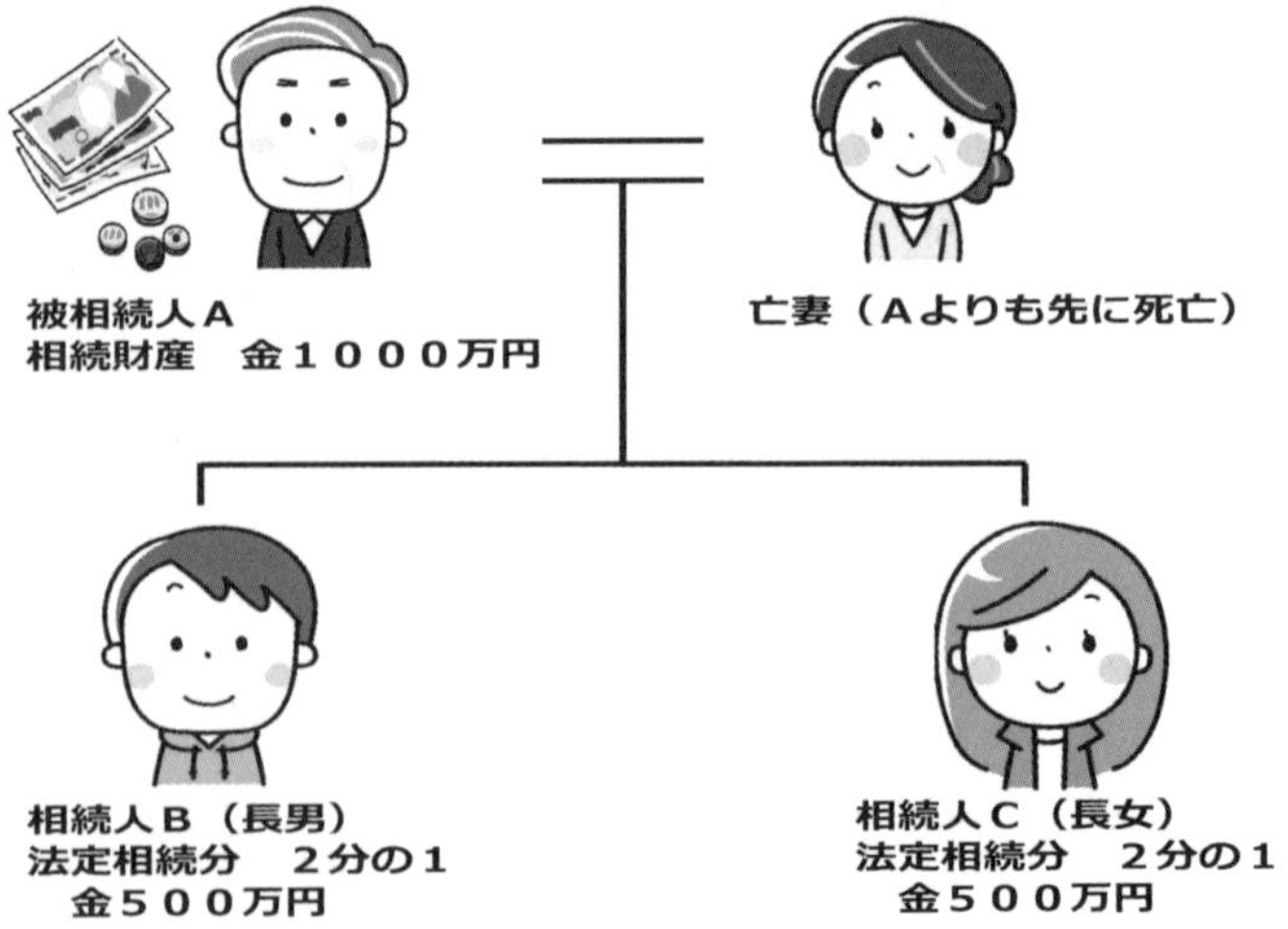

【図表 15　被相続人が金 1000 万円の財産を遺していた場合】

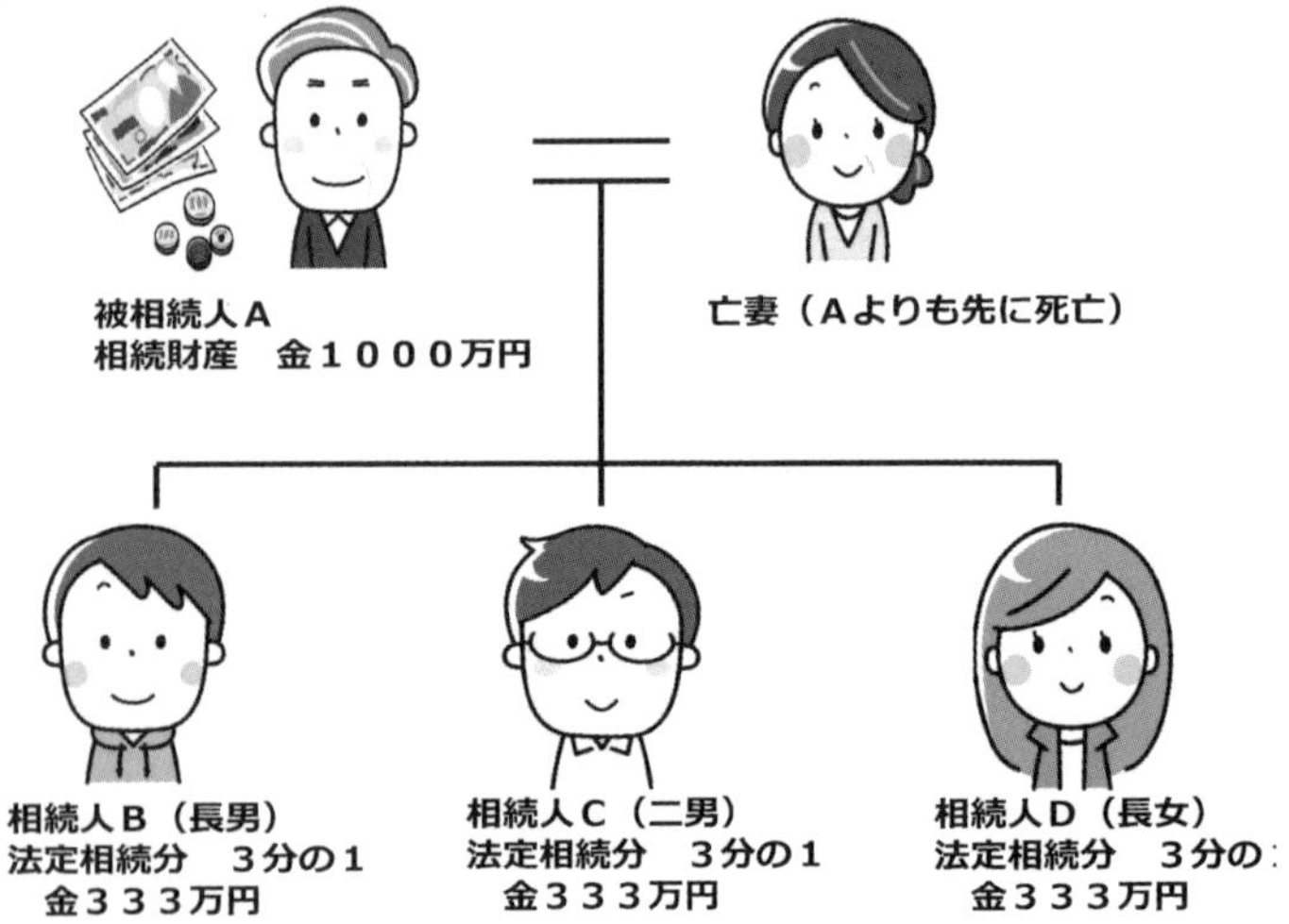

端数分は切捨て表示しています

・子Ｂは１０００万円×３分の１＝３３３万円（端数切捨て）
・子Ｃは１０００万円×３分の１＝３３３万円（端数切捨て）
・子Ｄは１０００万円×３分の１＝３３３万円（端数切捨て）

端数が出た場合は、端数分について誰が相続をするか遺産分割協議の際に決めておくとよいでしょう。

相続人が配偶者のみのケース

相続人が配偶者のみで、ほかに子や孫（直系卑属）、親や祖父母（直系尊属）、兄弟姉妹（甥姪含む）がいない人の場合は、配偶者がすべての相続権を持ちます。

相続人が配偶者と親のケース

次に、被相続人に子や孫（直系卑属）がなく、配偶者とご健在な親（養子縁組をしている養父母も含む。以下の記載も同様です。実親と養親は全く同じ権利を持ちます）がいた場合について説明します。

まず、それぞれの法定相続分は、配偶者が3分の2、親が3分の1となります。このとき、両親ともにご健在な場合は、その3分の1を2人で分けますので、計算式は、

親の法定相続分…3分の1×2分の1＝6分の1

となります（父母各人の法定相続分）。

なお、実親が2名、養父母も2名のようなケースであれば、

親の法定相続分…3分の1×4分の1＝12分の1

となります（実親、養父母各人の法定相続分）。

■配偶者と片親の場合（図表16参照）

・配偶者（B）…1000万円×3分の2＝666万円（端数切捨て）

・健在な片親（C）…1000万円×3分の1＝333万円

■配偶者と両親の場合（図表17参照）

・配偶者（B）…1000万円×3分の2＝666万円（端数切捨て）

・健在な親（C）…1000万円×6分の1＝166万円（端数切捨て）

・健在な親（D）…1000万円×6分の1＝166万円（端数切捨て）

相続人が親のみのケース

このケースは、被相続人が若くして亡くなった場合によくあるケースと言えるでしょう。

これも、子だけが相続人になったケースと同じ考え方で、親が1人だけの場合、その親が1人で遺産全部を相続でき、親が2人いる場合には、その遺産全部を親の人数で均等割りして相続分を算出します。

【図表 16　被相続人が金 1000 万円の財産を遺していた場合】

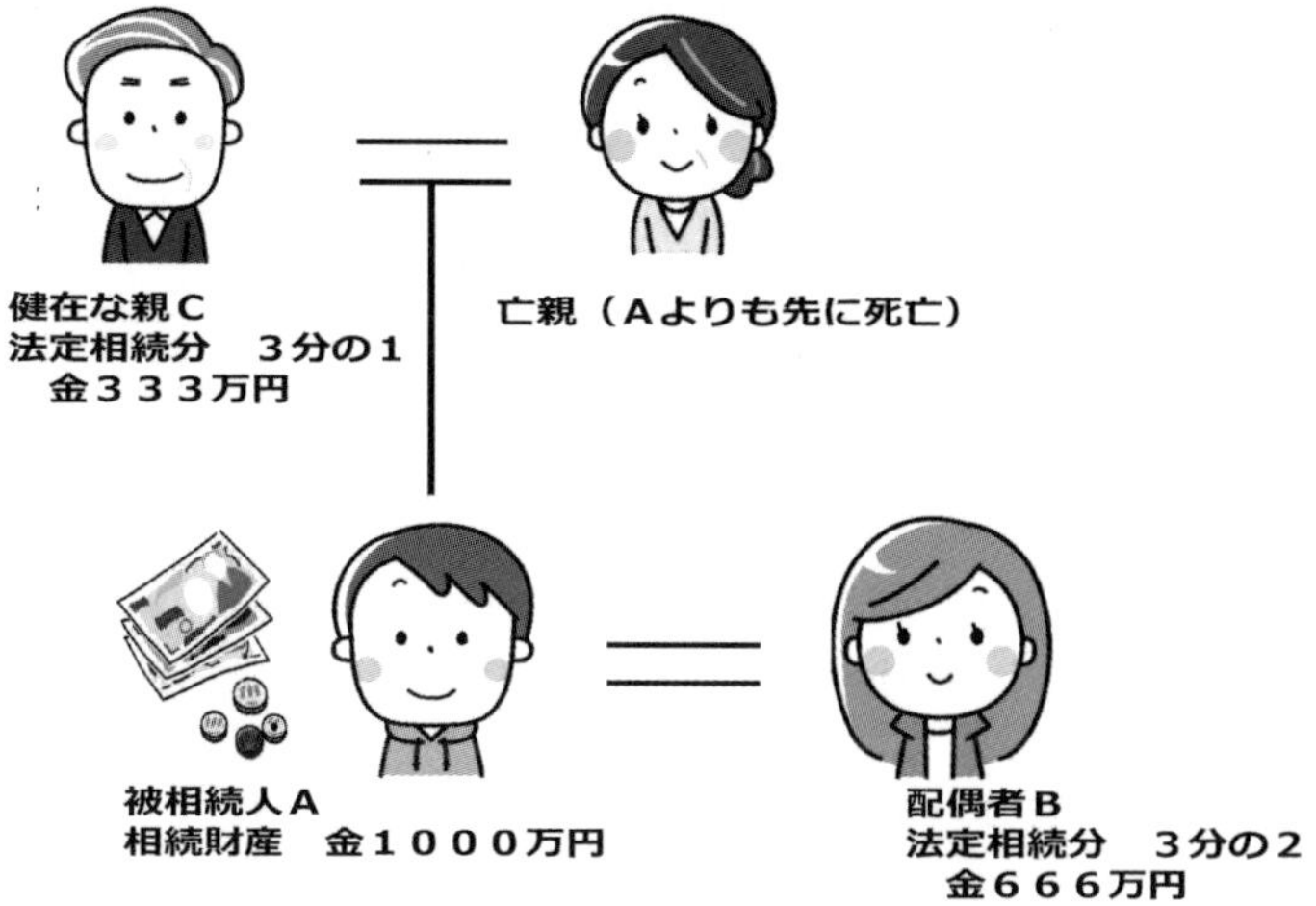

端数分は切捨て表示しています

【図表 17　被相続人が金 1000 万円の財産を遺していた場合】

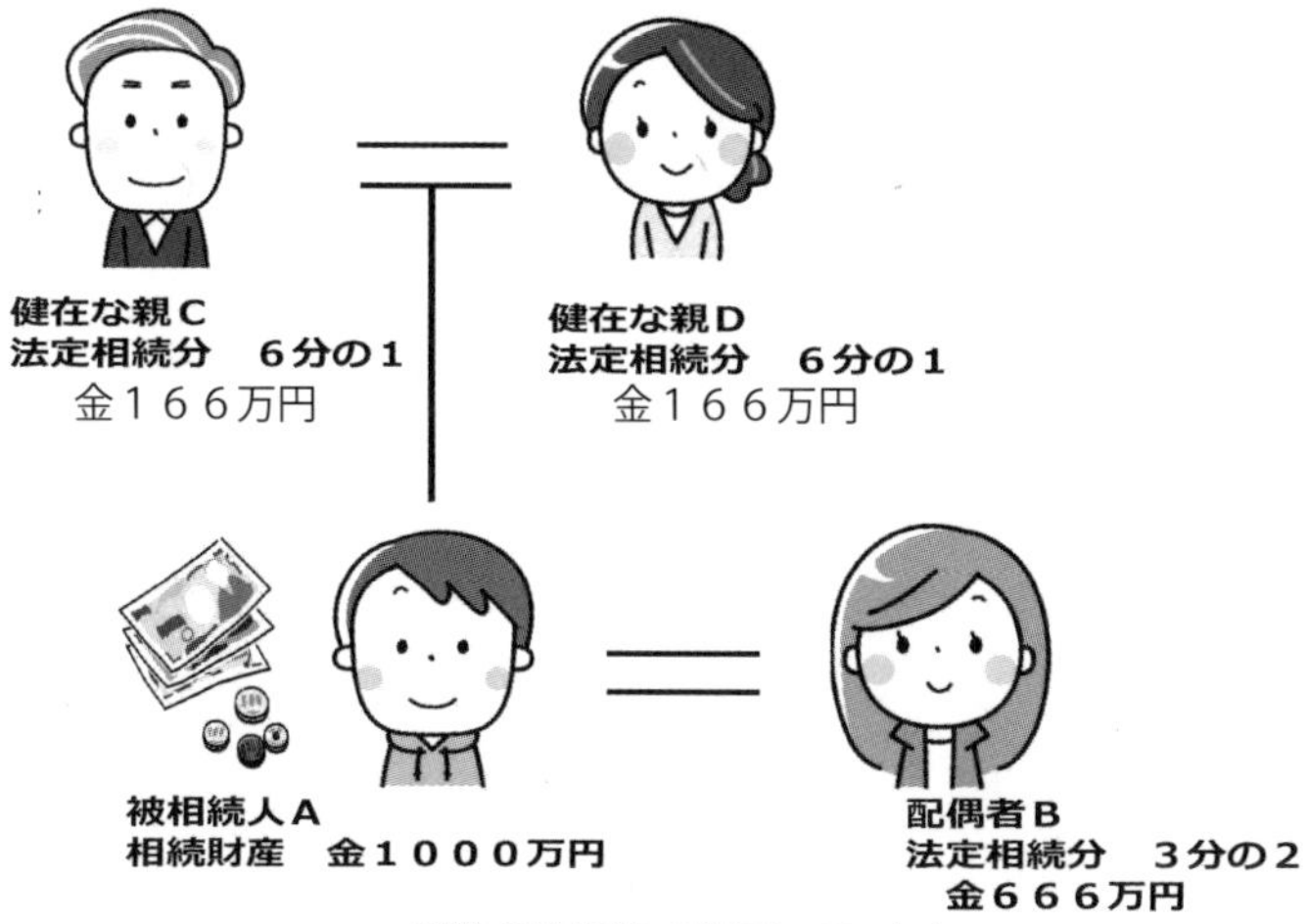

端数分は切捨て表示しています

相続人が配偶者・兄弟姉妹のケース

まずは、法定相続分についてです。

このケースでは、配偶者が4分の3、兄弟姉妹は4分の1となります。兄弟姉妹は、複数いれば、その人数分で相続分を分け合います。つまり、兄弟姉妹が2人であれば、それぞれ兄弟姉妹の法定相続分4分の1÷2＝8分の1となり、3人であれば、兄弟姉妹の法定相続分4分の1÷3＝12分の1という計算式になっていきます。

なお、父もしくは母を同じくする兄弟（半血兄弟姉妹）は、両親を同じくする兄弟（全血兄弟姉妹）の半分の相続分となります。

配偶者と兄弟姉妹2名が相続人になる場合、兄弟姉妹2名の各人の法定相続分は、4分の1÷2＝8分の1となりますが、この兄弟姉妹が異父（もしくは異母）兄弟の場合、半血側の兄弟姉妹は全血側の兄弟姉妹の半分の相続分となることから、両者の比率（半血1：全血2）は、半血側の兄弟姉妹3分の1、全血側の兄弟姉妹3分の2となり、兄弟姉妹の全体の法定相続分4分の1に対する計算式は、半血側兄弟姉妹　法定相続分4分の1×3分の1＝12分の1となり、全血側兄弟姉妹法定相続分4分の1×3分の2＝12分の2となります（このケースは少し複雑なので、専門家にご相談されることをおすすめします）。

■配偶者と兄弟姉妹2人（図表18参照）

・配偶者（B）…1000万円×4分の3＝750万円

・

【図表18　被相続人が金1000万円の財産を遺していた場合】

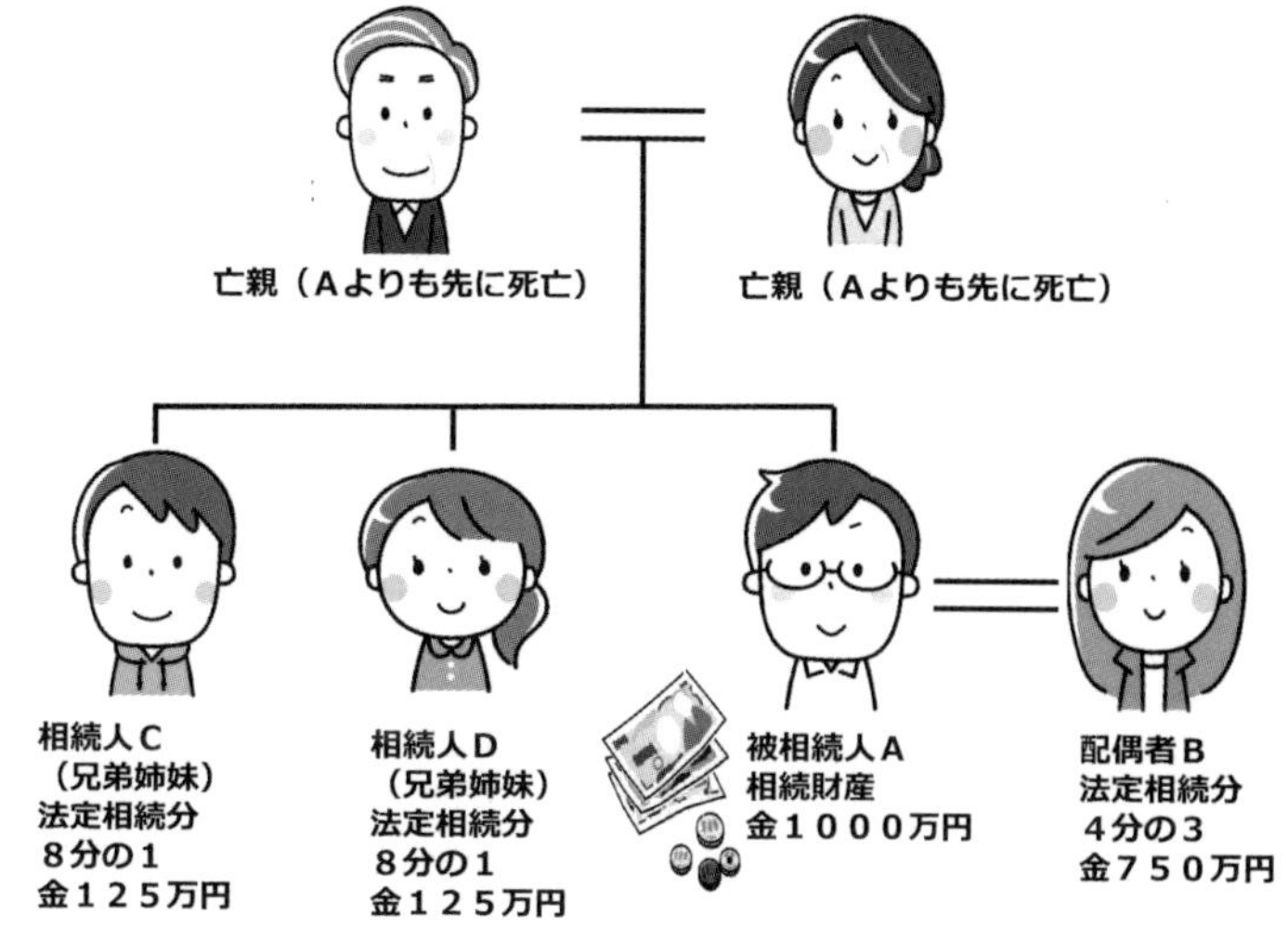

・兄弟姉妹（C）…1000万円×8分の1＝125万円
・兄弟姉妹（D）…1000万円×8分の1＝125万円

相続人が兄弟姉妹のみのケース

このケースも、単純に兄弟姉妹が複数いる場合には、その遺産全部を兄弟姉妹の人数で均等割して相続分を出します。

2人の兄弟姉妹であれば、法定相続分はそれぞれが2分の1、3人いればそれぞれが3分の1になります。

ただし、兄弟姉妹が相続人になるケースでは、代襲相続が絡んでいることが多いので注意が必要です。

なお、相続人が配偶者・兄弟姉妹のケースでもご説明しましたが、父もしくは母を同じく兄弟（半血兄弟姉妹）は、両親を同じくする兄弟（全血兄弟姉妹）の半分の相続分となりますのでこの点もご注意ください。

相続人が配偶者・兄弟姉妹・甥姪のケース

これは、代襲相続が絡んでいるケースです。

配偶者の法定相続分は4分の3となり、兄弟姉妹は4分の1ですが、被相続人よりも先に、もしくは被相続人と同時に亡くなっている兄弟姉妹に子がいれば、その子（被相続人から見て甥・姪）にその相続分が代襲されることになります。

被相続人が1000万円の財産を遺していた場合で、考えてみましょう

■相続人が配偶者と兄弟姉妹と甥姪の場合（図表19参照）

・配偶者（B）…1000万円×4分の3＝750万円

兄弟姉妹（CとD）が2人いて、そのうちの1人（C）が被相続人よりも先に亡くなり、かつCに子が2人（甥Eと姪F）いた場合

・健在な兄弟姉妹（D）…1000万円×8分の1＝125万円

すでに亡くなっている兄弟姉妹（C）の子E（甥）は、Cが本来受けるべきであった相続分8分の1を代わって相続（代襲相続）します。Cには他にも子（F）がいるので、この8分の1をEとFで均等に分け合います。

【図表 19　被相続人が金 1000 万円の財産を遺していた場合】

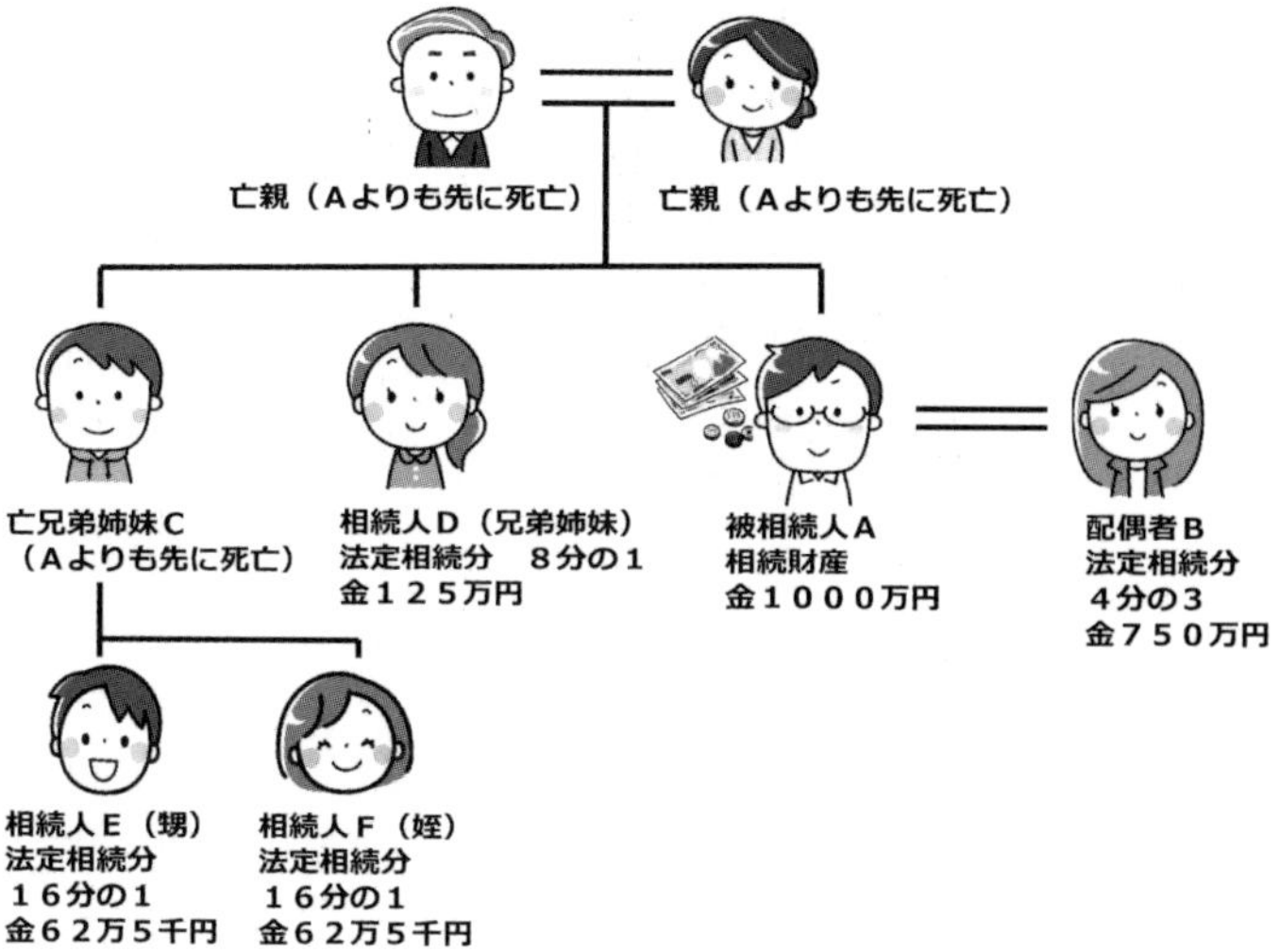

・甥（E）…１０００万円×８分の１×２分の１＝６２万５千円

・姪（F）…１０００万円×８分の１×２分の１＝６２万５千円

この計算式から、間違えないでいただきたいのは、健在な兄弟姉妹と甥・姪を均等にするのではなく、あくまで甥・姪は、すでに亡くなっている自分の親C（Cのことを被代襲相続人といいます）の相続分８分の１を２人で分けることになるということです。

兄弟姉妹の法定相続分４分の１を、この事例で３人で分ける計算式にすると、それぞれが12分の１になりますから、結果が変わってきてしまいます。ご注意ください。

相続人が甥姪のみのケース

兄弟姉妹のみが相続人になるケースと同じで

す。

ただし、相続人が配偶者・兄弟姉妹・甥姪のケースでも述べたように、被相続人よりも先に亡くなった兄弟姉妹が受けるはずであった法定相続分をその子（甥・姪）が受け継ぐ（子が複数の場合は均等に分ける）ことになります。すべての甥姪の人数で均等に分けるということにはならないのでご注意ください。

なお、甥・姪のさらに下の代（甥・姪の子）には、代襲相続は起こりません。代襲相続は、甥・姪でストップすると覚えましょう。

相続人が兄弟姉妹・甥姪のケース

兄弟姉妹のみが相続人になるケースと同じですが、甥・姪の相続分は被相続人よりも先に亡くなった兄弟姉妹が受けるはずであった法定相続分をその子（甥・姪）が受け継ぐ（子が複数の場合は均等に分ける）ことになります。

■相続人が兄弟姉妹・甥姪の場合（図表20参照）

兄弟姉妹（BとC）が2人いて、そのうちの1人（B）が被相続人よりも先に亡くなり、かつBに子が2人（甥Dと姪E）いた場合

・健在な兄弟姉妹（C）…1000万円×2分の1＝500万円

すでに亡くなっている兄弟姉妹（B）の子D（甥）は、Bが本来受けるべきであった相続分2分

【図表20　被相続人が金1000万円の財産を遺していた場合】

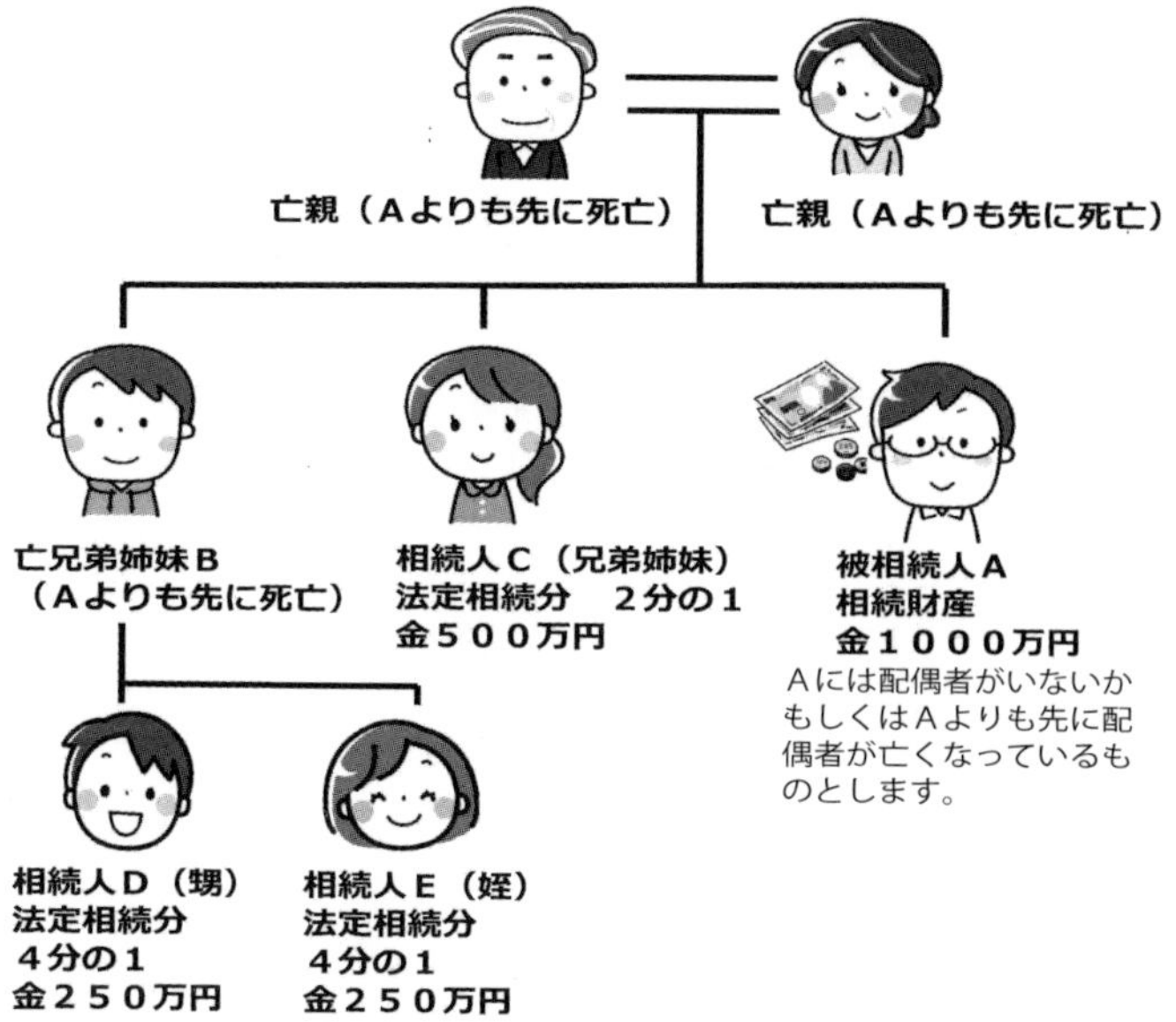

の1を代わって相続（代襲相続）します。Bには他にも子（E）がいるので、この2分の1をDとEで均等に分け合います。

・甥（D）…1000万円×4分の1＝250万円
・姪（E）…1000万円×4分の1＝250万円

相続人が配偶者・甥姪のケース

相続人が配偶者・兄弟姉妹・甥姪のケースと同じ計算式で法定相続分（図表21参照）を計算します。

配偶者の法定相続分は、4分の3。甥・姪の法定相続分は、被相続人よりも先に亡くなっている兄弟姉妹が受けるはずであった法定相続分をその子が受け継ぐ

【図表21　法定相続分表】

相続人	法定相続分
配偶者と子（第1順位）	配偶者　2分の1 子　2分の1
配偶者と親（第2順位）	配偶者　3分の2 直系尊属　3分の1
配偶者と兄弟姉妹（第3順位）	配偶者　4分の3 兄弟姉妹　4分の1

※配偶者がいないか、配偶者が被相続人よりも先に死亡の場合（同時死亡含む）

→　第１順位である子のみで法定相続分を子の人数で均等割り

→　第１順位の直系卑属がいない（全員相続放棄した場合も含む）とき、親のみで法定相続分を親の人数で均等割り　実親のみならず養親も含む

→　第１順位の直系卑属も第２順位の直系尊属もいない（全員相続放棄した場合も含む）とき、兄弟姉妹のみで法定相続分を兄弟姉妹の人数で均等割り

（子が複数の場合は均等に分ける）ことになります。

法定相続分の番外編（特別受益）

法定相続分は、遺産分割の基準となりますが、法定相続分を遺産分割の基準にするとかえって相続人間で不公平な結果を招くことがあります。

その不公平を是正するため、特別受益《とくべつじゅえき》や寄与分《きよぶん》という規定が相続のルールの中にあります。

民法第９０３条には、「婚姻若しくは養子縁組のため若しくは生計の資本として」なされた生前贈与が特別受益になると規定されています。

特別受益制度は、相続人間の公平を図る制度なので、相続人間で不公平になるような高額な生前贈与は、原則、特別受益になります。

例えば、相続人の１人が家を買って頭金などの住宅資金を出してもらったとき、会社設立のため

の開業資金や事業資金を出してもらったとき、高額な結婚費用や高額な生活費用をもらったときなどがそうです。

また、被相続人死亡後に特定の相続人に給付された死亡保険金や死亡退職金は、原則的に遺産分割の対象財産ではありません（死亡保険金については、受取人固有の権利、死亡退職金については、被相続人が勤務していた社内の規定に従うケースが多い）が、共同相続人の一部だけが不公平と見られるほど高額な死亡保険金、死亡退職金を受け取っている場合には、特別受益とみなされることもあります。通常の扶養に伴う金銭の給付や小遣い、結婚祝い・新築祝いなどは、原則、特別受益に当たりません。

贈与の持戻し

生前贈与による特別受益があった場合、特別受益を受けた相続人と特別受益を受けなかった相続人間の不公平を是正するため、贈与の価額を被相続人が相続開始時において有した財産の価額に加え相続財産とみなします。これをみなし相続財産といい、生前贈与した価額を計算上、相続財産に戻すことを持戻しといいます。

各相続人の具体的な相続分は、このみなし相続財産の価額をもとに算定します。生前贈与を受けた相続人に関しては、相続分から生前贈与の額が控除されます。

なお、第１章でも述べたとおり、婚姻期間が20年以上の夫婦で居住用不動産がある場合に限り、そのような婚姻期間が長い夫婦の居住用不動産の生前贈与や遺贈については、贈与の持戻しをしないことができるようになりました。

また、相続開始から10年が経過してから遺産分割を行った場合は、原則として特別受益を主張することができなくなりました。

特別受益の評価

持戻しの対象となる贈与財産が、相続開始時（被相続人の死亡時）までにすでに贈与を受けた相続人によって処分されていたり、贈与されたものが壊れてなくなっていた場合や、贈与時と相続開始時とで価額が変動している場合はどのように評価するのでしょうか。

民法第９０４条では、「贈与の価額は、受贈者の行為によって、その目的である財産が滅失し、又はその価格の増減があったときであっても、相続開始の時においてなお原状のままであるものとみなして」と規定されています。

つまり、贈与を受けた人（受贈者）の行為（過失を含む）で、生前贈与を受けた家屋などが火事で焼失してしまった場合や受贈者が土地の造成を行った場合なども、その目的物が受贈者の行為が加えられない贈与当時の状態のままで存するものとみなして評価します。

ただし、地震などの天災その他の不可抗力によって受贈者の行為によらず滅失した場合、持戻しの対象にはなりません。

　また、持戻しの対象となる財産がいつの時点で評価されるかということに関して、判例は相続開始の時点を基準として評価するとしています。つまり、贈与された不動産や金銭などの価額を相続開始時の貨幣価値で評価し直すということです。

特別受益を考慮しない被相続人の意思

　特別受益の持戻しは、被相続人の意思を推測し、相続人間の公平を図るものといえます。そのため、特別受益に該当する場合でも、被相続人が自ら特定の相続人を特別扱いする意思を表示したときは、この意思が尊重されます。

　つまり、特別受益において、被相続人が贈与した額を持ち戻さなくてもよいと意思表示すれば、生前贈与を考慮せず、残りの遺産だけを対象に遺産分割を行うことも可能です。これを、持戻しの免除といいます。

法定相続分の番外編（寄与分）

　生前、被相続人に対して長期の介護療養をしたり、面倒を見ていた相続人は、被相続人の死後「相続財産は他の相続人よりも多めに相続したい」と考えるのは自然なこととも言えるでしょう。

　何十年も介護をしてきた相続人と全く被相続人に対して関心がなく、援助等をしてこなかった疎遠な相続人を比較すれば、当然、前者の相続人がいくらかでも多めに相続するのが当然とも言えます。

しかし、いざ遺産分割協議になると、「それとこれとは別問題」といわんばかりに、遺産分割協議が難航し、最悪のケースでは骨肉の争いになる方もいます。

生前、亡くなった方に対し多くの貢献（特別な寄与）をしてきた方には、法律上、寄与分といわれる権利が認められています。

それでは、この寄与分について詳しく説明したいと思います。

寄与分が認められる場合

次の2点のいずれかに当てはまる貢献者は、寄与分を認められる可能性があります。

★生前、被相続人の事業に関し、労務の提供または財産上の給付をしたこと。

★生前、被相続人への療養看護その他の方法によって、被相続人の財産の維持または増加に特別の寄与をしたとき。

なお、第1章でも述べたとおり、相続人以外の者でも、相続人に対して特別寄与料の請求ができることになりました。

また、相続開始から10年が経過してから遺産分割を行った場合は、原則として寄与分を主張することができなくなりました。詳しくは第1章をご参照ください。

寄与分の注意点

寄与分は、生前どの程度被相続人に対して寄与してきたか、寄与の時期、その他一切の事情を考慮し、相続人同士で協議して決めることになります。

寄与分が認められるには、被相続人の財産の維持・増加につき「特別の寄与」があることが必要になります。

ここでいう「特別の寄与」とは、あくまで財産上の効果を伴う寄与のことを指します。単に親族間の常識的な扶養の範囲に含まれる寄与は、特別な寄与とは言えません。

被相続人が事業をしてきたが、その事業に共に協力し、事業を成功させ、被相続人の財産が増加したとか、介護費用を何十年も被相続人の代わりに支払って、財産の維持を図った（減少を食い止めた）などが特別な寄与の例です。

寄与分の協議が整わないとき

寄与分について、相続人間で話合いをしたが、お互いの権利主張ばかり先行して協議が整わないときは、やむを得ず、家庭裁判所で寄与分を定める審判を申し立てることになります。

ただし、家庭裁判所では、遺産分割調停の中で、この寄与分についての紛争を解決するよう求めることが多いようです。

3　相続人が判断すべきこと―相続方法（相続放棄、限定承認、単純承認）

相続放棄と限定承認

相続が開始されれば、相続人は被相続人が残した財産を相続できますが、相続財産の中には預金や不動産などのプラスの財産だけではなく、負債・借金などのマイナス財産がある方もいらっしゃいます。

原則的に、相続人は、それらのマイナスの財産も相続しなければなりませんが、相続が開始されたことを知ったときから3か月以内（この期間を熟慮期間といいます）に、「相続を放棄する」旨を家庭裁判所に申し立て、家庭裁判所により相続放棄を受理してもらえれば、マイナスの財産を負わなくてよくなります。相続放棄については、申立てが受理されるとプラスの財産も相続できなくなりますので注意してください。

また、被相続人の財産をはっきりと把握できていなくて、プラスの財産とマイナスの財産が複雑に混在し、もしかするとマイナスの財産のほうが多くなるかもしれないと思われる方は、限定承認という手続を家庭裁判所に取ることができます。

限定承認とは、相続で得た財産の範囲内で負債を負うが、相続で得た財産よりも負債のほうが多くなってしまった場合は、超過した負債を負わなくてよいですよ（責任を負わない）という手続です。

逆に、プラス財産とマイナス財産を清算し、プラス財産のほうが多くなれば、プラスの超過した財産を相続できます。限定承認手続も、相続が開始されたことを知ったときから３か月以内（熟慮期間内）に行います。

相続放棄の申立ては、相続人それぞれが単独でできますが、限定承認の申立ては、共同相続人全員が手続に参加しなければなりませんので面倒です。

相続の放棄に関しては、相続する順位の高い者から順次していきます。もし、被相続人に子１人と配偶者がいた場合、その子１人が相続放棄をすれば、第２順位の親に相続権が回ってきますので、第２順位の親は、その子が相続放棄を受理されたときから相続放棄をすることができるようになります（ここでの３か月の熟慮期間のスタートは、その親が自分が相続人になったことを知ったときからカウントされます）。

単純承認

ここまで相続放棄と限定承認について説明してきましたが、相続の仕方にはもう１つ、単純承認というものがあります。単純承認とは、被相続人の財産をそっくりそのまま無限に相続するということであり、何の手続をしなくても、相続が開始されたことを知ったときから３か月が経過すれば自動的にその効果が生じます。

また、相続人が被相続人の財産を一部だけ相続したり、その財産を処分したり、マイナス財産（負債）を今後支払う旨意思表示をすれば、それだけで単純承認の効果を生じます。

このような効果が生じますので、被相続人死亡後、速やかに相続財産を調べ、相続するかしないかを決めなければ、後になって思いもよらない負債が出てきた場合に困ることになります。

「不動産を相続した後に、知らない借金がたくさん出てきた」「預金の一部を相続した後に知らない借金が出てきた」――このようなことにならないよう、相続開始後、早い段階で被相続人にどのような財産があるのかをきちんと調べましょう。難しれば専門家に相談してもよいかと思います。

家庭裁判所を通した相続放棄と通さない事実上の相続放棄

相続放棄には、前述のように家庭裁判所に申述し、家庭裁判所がその申述を受理して相続放棄を認める家庭裁判所を通した相続放棄と、相続人間で遺産分割協議を行い、その協議上で相続しない意思を表示する事実上の相続放棄があります。

被相続人に負債が多い場合は、家庭裁判所による相続放棄手続を取らなければ負債を背負ってしまうことになります。なお、負債がない場合であっても、他の相続人に財産を集中させるためや被相続人やその他の相続人に一切関わりあいを持ちたくないなどの理由によって相続放棄手続を取ることもできます。

よくあるご質問ですが、生前の相続放棄が認められるかということですが、法律は生前の相続放棄を認めていません。相続人同士で圧力を掛けあうことを防止するためです。

次に、事実上の相続放棄ですが、これは遺産分割協議において、一部の相続人に遺産を集中して相続させるような合意をするときによく使われます。

それによって、放棄を申し出た者は、事実上相続放棄と同様の結果をもたらすことができるので、事実上の相続放棄と呼ばれます。

正式な相続放棄とは違い、原則として家庭裁判所は関与しないため、手続が簡単であることなどから、現実的には正式な相続放棄よりも事実上の相続放棄のほうが多く利用されています。

ただし、負債の事実上の相続放棄は、資力のない相続人に負債を負わせることによって、債権者（金銭等の請求権者）を害することがないよう、債権者の同意が必要になり、同意がない限りは他の共同相続人は法定相続分相当の分割された負債を免れることはできません。

３か月以内に相続の方法を決められないときの対処法

単純承認・限定承認・相続放棄は、相続が開始されたことを知ったときから３か月以内に判断しなければいけませんので、そんなに悠長にはしていられません。あっという間に３か月が経過してしまいます。

しかし、どうしても３か月で被相続人の財産を調査できず、相続の方法を決められないこともあります。この場合は、相続人は家庭裁判所に「熟慮期間伸長の申立て」をし、家庭裁判所がその熟慮期間の伸長に理由があると判断した場合、その熟慮期間を引き延ばしてくれます（どの程度引き延ばしてくれるかは家庭裁判所が決定します)。時間のない方は、早めに「熟慮期間伸長の申立て」をすべきかと思います。

土地だけを相続したくない場合に考えたい土地の国庫帰属

相続放棄は前記のとおり、プラスの財産も含めてすべての財産を相続しないという仕組みです。しかし、マイナスの財産はそれほど多くないため相続放棄は考えていないが、相続財産に利用価値の低い土地が含まれていて、手放そうにもすぐに売れるかわからないため、その土地だけは相続したくないという場合があります。

このような場合に利用を考えたいのが相続土地国庫帰属制度です。この制度では、建物が存在しない、境界がはっきりしているなどの一定の要件を満たした土地を国に引き取ってもらうことができます。

4　2人以上の相続人がいる場合に相続人が考えること―遺産分割の方法

相続については、遺言がない場合、相続人全員の合意、つまり、遺産分割協議が有効に成立しなければ現実的に進まないことになります(相続財産は遺産分割協議が有効に成立するまで共有状態となります)。

しかし、遺産分割協議といっても、一体どのように遺産分割すればよいのか、判断に迷うこともあると思います。例えば、相続財産が不動産しかない場合、それを相続人の一部の人が単独相続するのか、単独相続をする代わりに他の相続人に金銭を渡すのか、売却して現金を共同相続人間で分けるのか、共有にするかなど、遺産分割の方法はたくさんあります。

ここでは、遺産の分け方に関する３つの方法を紹介し、それぞれのメリット・デメリットを述べながら説明します。

現物分割

現物分割による遺産分割は、一般的によく行われる分割方法といえます。不動産はＡに、預金はＢに、その他の財産はＣにというように、どの相続財産を誰が相続するかを現物によって決める方法です。

やり方は簡単ですんなり相続できる方法ですが、相続人間で不公平が生じる可能性もあります。不動産は1億円の価値があるが、その他の財産はそれよりも下回る財産しかない場合、現物によって遺産分けを行うと、不動産を単独相続する人に有利に働いてしまう怖れがあります。そんなときは、不動産は共有名義にして、その他の財産を法定相続分で分割するというような方法をとることもできます。ただし、共有名義にした不動産は、金銭に換えようとしても相続人一人では売却することができません。また、相続人が亡くなると、その子や孫が相続することで不動産の持分をもつ人が増えていくので、いつの間にか不動産を売却しようにも、共有者全員の合意を得ることが難しくなる可能性があります。

代償分割

代償分割は、一部の相続人が相続財産を法定相続分以上に多めに相続し、そのために不公平が生じた部分について、多めに相続した者が他の相続人に金銭を引き渡す方法です。

この方法によって遺産分割を行うには、代償金を支払う相続人に、場合によっては多額の金銭がなければできませんが、相続財産が不動産しかない場合に、その不動産は不要だが現金を相続したい相続人にとっては、この代償分割が適切かと思います。

換価分割

換価分割は、例えば、不動産のみが相続財産である場合、その不動産を処分（売却）して、売却益を相続人間で分ける方法です。有価証券や動産も売却できる財産ですから、換価分割による方法を取ることができます。

換価分割でのデメリットは、売却後に譲渡所得税が課税されたり、処分に費用がかかる点でしょう。どうしても売却できるものは売却して、現金で遺産分けを行いたい方にはこの方法がベストといえます。

5　相続財産の範囲―遺産分割の対象になるものとならないもの

相続のルールの中に、「相続人は、相続開始の時から、被相続人の財産に属した一切の権利義務を承継する。但し、被相続人の一身に専属したものは、この限りではない」（民法８９６条）という規定があります。

「一切の権利義務を承継する」とは、現金・預貯金・不動産などのプラスの財産はもちろん、負債などのマイナスの財産も相続するということを意味します。

それとは反対に、「但し、被相続人の一身に専属したものは、この限りではない」という規定から、遺産分割の対象にならない財産も存在します。

それでは、具体的に「遺産分割の対象になる財産」と「対象にならない財産（一身に専属したもの）」を例示します。

遺産分割の対象になる財産

◆プラスの財産

現金、預貯金、土地、家屋、借地権・借家権、有価証券（株式・債券・投資信託など）、金銭債権（例・亡くなった者が貸していたお金）、損害賠償請求権（これも債権です）、家財道具、自動車、貴金属、書画骨董、美術品、ゴルフ会員権、特許権、著作権（無体財産権）などです。
なお、被相続人が相続人名義で預金をしていた場合（このような預金を名義預金といいます）、その預金も遺産分割の対象となります。

◆マイナスの財産

借金、買金掛（商売上の未払金）、住宅ローン、未払月賦、未払税金、未払家賃・地代、未払医療費、保証債務（被相続人が誰かの保証人になっていた場合）など。

遺産分割の対象にならない財産

◆一身専属的な権利義務

一身専属的な権利義務とは、被相続人の一身に専属して帰属し、その人だけが権利を享受し、義務を履行し得るという性質のものです。

これは、被相続人の人格・身分と密接なかかわりがあり、その権利・義務を本人以外の人に移転させることが不可能ないし不適当なため、相続されずに権利者（義務者）の死亡とともに消滅します。

例：雇用契約上の労働債務→相続人が代わって働く必要がありません。

例：扶養の権利義務→扶養をしなければならない義務を相続人が代わって履行しなければならないことにはなりません。

例：身元保証債務や信用保証債務→例えば、被相続人が誰かの身元引受人になっていても、その義務を相続人が引き受けなければいけないことはありません。

◆死亡退職金

原則的に、死亡退職金については、退職金を受領できる受給権者が法律や条例、企業の内部規定などで取り決められていることが多く、その取り決められている受給権者の固有の権利となります（原則、遺産分割の対象財産となりません）。

ただし、前述の取決めがない場合は相続財産になるという判例もあります。

弔慰金については、香典と同様に扱われる場合と死亡退職金の一種として取り扱われる場合によって取扱いが異なります。

◆遺族給付金（遺族年金など）

遺族給付金は、遺族の最低限度の生活を保障しようとする生活扶助的要素を持ち、受給権者の固有の権利として相続財産とはなりません。

例えば、遺族年金であれば、夫が亡くなった場合、妻がいれば妻が遺族年金を受給するというようなことです。

◆死亡保険金請求権

死亡保険金（請求権）は、受取人として特定の者が指定されているときは、その指定された者が自分の固有の権利として取得するため、遺産分割の対象財産とはなりません。

ただし、受取人が被相続人になっている場合は、遺産分割の対象になります。

また、入院給付金（請求権）については、通常、被相続人自身が自分に保険を掛けていることが多いので、被相続人が入院給付金を受領せずに死亡した場合については、それは遺産分割の対象となります。

◆位牌、墓石等の祭祀財産

系譜、祭具および墳墓については、民法８９７条に「系譜、祭具及び墳墓の所有権は、慣習に従って祖先の祭祀を主宰すべき者が承継する」として、例外規定が置かれています。

家系図など先祖以来の系統を示す系譜、位牌・仏壇などの祭具、墓石やその墓地の所有権などの墳墓は、遺産分割の対象とはなりません。

これらの所有権は、慣習に従い、一般の相続財産とは異なった取扱いを受けており、これらはまず被相続人の指定（遺言など）があればそれに従い、被相続人の指定がなければ慣習に従って祭祀を主宰すべき人が承継し、慣習が明らかでないときは、家庭裁判所が承継すべき人を定めることになります。

◆香典、遺骨等

香典は、被相続人の死亡を契機に生じる財産的利益ですが、死者の供養、遺族への見舞いや葬儀費用の負担の軽減のため、喪主に対する贈与として解釈されており、香典は相続財産には含まれず、遺産分割の対象とはなりません。

また、被相続人の遺骨についても、判例によれば、その祭祀を主宰すべき人に帰属するとされ、相続の対象とはなりません。

6　相続財産の評価方法―分割協議上の遺産評価と相続税の計算上での遺産評価の違い

前項５の相続財産の範囲では、遺産分割協議上で何が遺産になるかについて説明してきましたが、ここでは相続財産の評価方法についてお話します。

相続財産の評価方法については、遺産分割協議を行う上での遺産の評価方法と相続税を計算する上での相続税法上の遺産の評価方法には違いがあります。

遺産分割協議上での遺産評価方法について

遺産分割の協議をする上で判断に迷うのが、不動産の評価方法をどうするかということです。ここでは、不動産の評価方法について記述します。

◆不動産の評価方法

遺産分割の協議をする上で不動産の評価をどうするかについては、次のようにいくつかの評価方法があります。どれを選択するかは、相続人間での話合いで決定することになります。

①　固定資産評価額を基準に遺産分割する（一番多い評価方法といえます）。

②　相続税の計算上の路線価（土地について）を基準に遺産分割する。

なお、この場合、建物については、固定資産評価額を基準にします。

③　公示価格を基準に遺産分割する（土地について。国土交通省地価公示価格）。

なお、この場合、建物については、固定資産評価額を基準にします。

④　不動産の実勢価格を基準に遺産分割する。

この場合は、不動産業者や不動産鑑定士などに適正な取引価格（売買価格）を算定してもらうことになります。

①が一番評価面で低く、②は①より少し高い、③は②よりさらに少し高いという関係になります。

④はケースバーケースで変動するといえるでしょう。

①や②は、相続人間で争いのないケースでよく使用され、③や④はより厳密な価格を基準とした遺産分割協議に使われるものと言えます。

相続税を計算する上での遺産の評価について（相続税法上の課税財産）

◆相続財産

相続税は、原則として、現金、預貯金、株式、国債、公社債、土地、建物、ゴルフ会員権など、被相続人が有していた財産で金銭換算できるものはすべて課税対象となります。前項5でご説明した名義預金も課税財産となります。

◆みなし相続財産

受取人が指定されている死亡保険金や企業側の規則等によって受取人の順位が決められている死亡退職金等は、遺産分割の対象にはなりませんが、相続を契機として税金を負担する能力が増加したかどうかという観点からみると相続財産に近い性質の財産といえるので、相続税法上では相続財産とみなされます。

ただし、みなし相続財産は、相続税を課せられますが、一定額までは非課税財産として控除できます（相続人の人数×５００万円が控除額）。

なお、ここでいうみなし相続財産と特別受益のところで説明したみなし相続財産は異なりますので、ご注意ください。

◆被相続人死亡時から遡って7年以内の生前贈与

相続開始前7年（令和８年12月31日までは3年）以内に被相続人から相続人に対して行った贈与（財産）は、相続税の計算上相続財産に加算されます。

この場合の財産の評価は、相続開始時の評価額ではなく、贈与を受けた時点での評価額となります。

なお、贈与時に納付した贈与税がある場合には、贈与税と相続税の二重課税を防ぐために贈与税額が相続税額から差し引かれます。

◆相続税法上の非課税財産

相続税は、原則として、前述のように、相続や遺贈により取得した財産のすべてが課税の対象とされますが、財産の性質上相続税の課税対象にならない財産があります。例えば、墓地、霊廟、仏壇、仏具などは、相続財産として課税されません。また、公益事業用財産、心身障害者制度に基づく給付金の受給権なども非課税財産となります。

死亡時にあった借金、未払金、税金未納分、死亡後に支出される葬祭費用は、債務控除として差引くことが可能です。

7 相続税の基礎知識—相続税がかかる人とかからない人

相続税については、相続を受ける人全員に課税されるわけではなく、遺産の額が一定の枠（基礎控除）内に収まる方については課税されません。

課税されない方は、相続税の申告は不要となりますが、基礎控除を明らかに超えた遺産があったり、基礎控除を超えるか超えないか微妙な方については、相続税の申告が必要になります。

相続税の申告は、一般の方には馴染みがないのと、その手続が難しいことも多いので、税理士事務所に相談や依頼をすることをおすすめします。

あらましについては、図表22を参照してください。

単純に、相続財産額をまず算出します。相続財産の中に土地がある場合は、通常、路線価図を見て価格を算出します。路線価図については、国税庁ホームページ（http://www.rosenka.nta.go.jp/）

【図表 22-①　相続税のあらまし】

相続税のあらまし

○　この「相続税のあらまし」は、相続税の仕組みについて、簡単に説明したものです。

○　相続税に関する詳細な情報等を確認したい場合は、国税庁ホームページ【www.nta.go.jp】の「確定申告等情報」の「相続税」ページをご覧ください。

また、この「相続税」ページで公開している「相続税の申告要否判定コーナー」は、法定相続人の数や個別の財産・債務の価額等を入力することにより、基礎控除額などを自動で計算し、相続税の申告のおおよその要否を判定することができますので、是非ご利用ください。

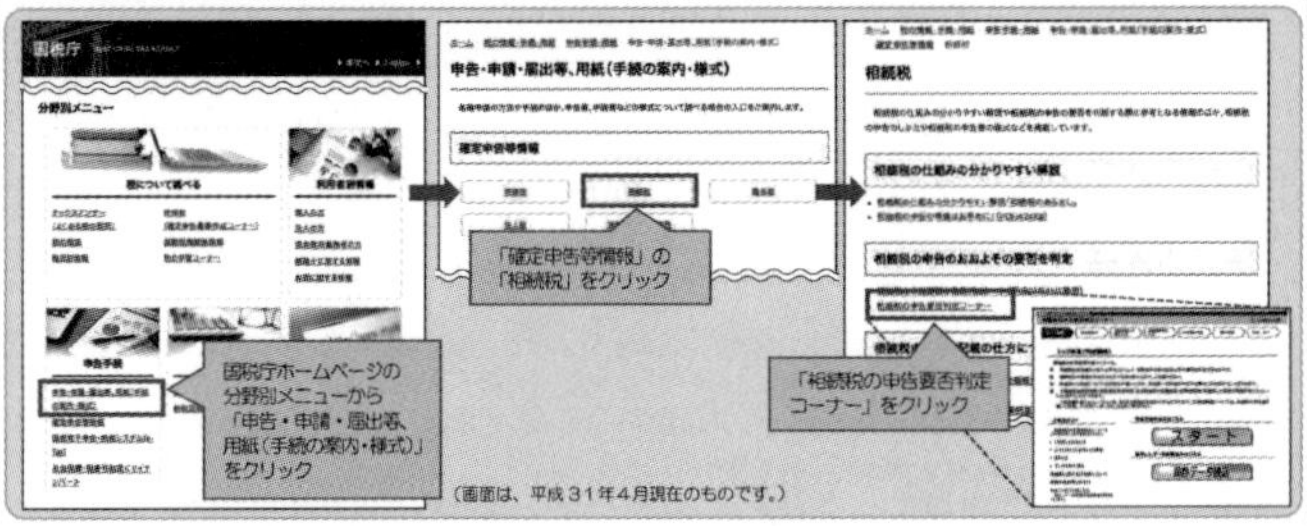

（画面は、平成３１年４月現在のものです。）

○　相続税に関して一般的なご相談を希望される場合は、電話相談センターをご利用ください（税務署に電話していただき、自動音声に従って「１」を選択してください。）。

また、具体的に必要書類や事実関係を確認する必要がある場合など、税務署での面接による個別相談を希望される場合は、事前予約制とさせていただいております。あらかじめ税務署に電話で面接日時をご予約ください（自動音声に従って「２」を選択してください。）。

1　相続税とは

相続税は、個人が被相続人（亡くなられた人のことをいいます。）から相続などによって財産を取得した場合に、その取得した財産に課される税金です。

2　相続税の申告が必要な人とは

被相続人から相続などによって「財産を取得した人それぞれの課税価格の合計額」（次ページの「４ 相続税が課される財産」の価額の合計額から「５ 相続財産の価額から控除できる債務と葬式費用」の合計額を差し引いた金額）が、「遺産に係る基礎控除額」を超える場合、その財産を取得した人は、相続税の申告をする必要があります。

「遺産に係る基礎控除額」　＝　3,000 万円 ＋（600 万円×法定相続人の数※）

※　「法定相続人の数」は、相続人のうち相続の放棄をした人があっても、その放棄がなかったものとした場合の相続人の数をいいますが、被相続人に養子がいる場合に法定相続人の数に含める養子の数は、実子がいるときは１人（実子がいないときは２人）までとなります。

○「相続人」とは

民法では、相続人の範囲と順位について次のとおり定めています。

1　被相続人の配偶者は、常に相続人となります。

2　次の人は、次の順序で配偶者とともに相続人となります。

【第１順位】被相続人の子（子が被相続人の相続開始以前に死亡しているときなどは、孫（直系卑属）が相続人となります。）

【第２順位】被相続人に子や孫（直系卑属）がいないときは、被相続人の父母（父母が被相続人の相続開始以前に死亡しているときなどは、被相続人の祖父母（直系尊属）が相続人となります。）

【第３順位】被相続人に子や孫（直系卑属）も父母や祖父母（直系尊属）もいないときは、被相続人の兄弟姉妹（兄弟姉妹が被相続人の相続開始以前に死亡しているときなどは、被相続人のおい、めい（兄弟姉妹の子）が相続人となります。）

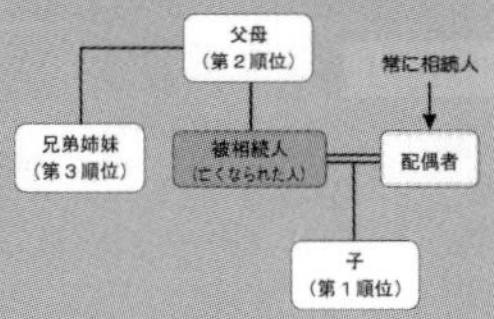

出所：国税庁ホームページ

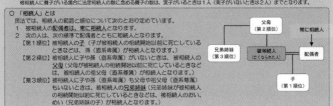

【図表 22-② 相続税のあらまし】

3 相続税の申告と納税

相続税の申告をする必要がある場合には、相続の開始があったことを知った日（通常の場合は、被相続人が亡くなった日）の翌日から10か月以内に、被相続人の住所地を所轄する税務署に相続税の申告書を提出するとともに、納付税額が算出される場合には、納税しなければなりません。

申告書の提出期限に遅れて申告と納税をした場合には、原則として加算税及び延滞税がかかりますのでご注意ください。

(注) 相続税の申告の必要がない場合でも、相続時精算課税を適用した財産について既に納めた贈与税がある場合には、相続税の申告をすることにより還付を受けることができます。この還付を受けるための申告書は、相続開始の日の翌日から起算して5年を経過する日まで提出することができます。

4 相続税が課される財産

（1）被相続人が亡くなった時点において所有していた財産

①土地、②建物、③株式や公社債などの有価証券、④預貯金、⑤現金などのほか、金銭に見積もることができる全ての財産が相続税の課税対象となります。そのため、日本国内に所在する財産のほか、日本国外に所在する財産も相続税の課税対象となります。

なお、財産の名義にかかわらず、被相続人の財産で家族の名義となっているものなども相続税の課税対象となります。

（2）みなし相続財産

被相続人の死亡に伴い支払われる「生命保険金」や「退職金」などは、相続などによって取得したものとみなされ、相続税の課税対象となります。

ただし、「生命保険金」や「退職金」のうち、一定の金額※までは非課税となります。

※ 「一定の金額」とは、「生命保険金」及び「退職金」の区分ごとに、次の算式によって計算した金額です。

（算式） $500\text{万円} \times \text{法定相続人の数（前ページの「2」を参照）} \times \dfrac{\text{その相続人の取得した保険金等の合計額}}{\text{相続人全員の取得した保険金等の合計額}}$

（3）被相続人から取得した相続時精算課税適用財産

被相続人から生前に贈与を受け、贈与税の申告の際に相続時精算課税を適用していた場合、その財産は相続税の課税対象となります。この場合、相続開始の時の価額ではなく、贈与の時の価額を相続税の課税価格に加算します。

（4）被相続人から相続開始前3年以内に取得した暦年課税適用財産

被相続人から相続などによって財産を取得した人が、被相続人が亡くなる前3年以内に被相続人から贈与を受けた財産は、相続税の課税対象となります。この場合、相続開始の時の価額ではなく、贈与の時の価額を相続税の課税価格に加算します。

5 相続財産の価額から控除できる債務と葬式費用

（1）控除できる債務

被相続人の債務は、相続財産の価額から差し引かれます。

差し引くことができる債務には、借入金や未払金などのほか、被相続人が納めなければならなかった税金で、まだ納めていなかったものも含まれます。

（2）控除できる葬式費用

被相続人の葬式で相続人が負担した葬式費用は、相続財産の価額から差し引かれます。

葬式費用とは、①お寺などへの支払、②葬儀社などへの支払、③お通夜に要した費用などです。

なお、墓地や墓碑などの購入費用、香典返しの費用や法要に要した費用などは、葬式費用に含まれません。

出所：国税庁ホームページ

【図表 22-③　相続税のあらまし】

6　主な相続財産の評価方法

（1）宅地

宅地の評価方法には、**【路線価方式】**と**【倍率方式】**があります。

【路線価方式】

路線価が定められている地域の評価方法です。路線価とは、路線（道路）に面する標準的な宅地の１平方メートル当たりの価額のことで、「路線価図※」で確認できます。

宅地の価額は、原則として、路線価をその宅地の形状等に応じた調整率で補正した後、その宅地の面積を掛けて計算します。

路線価図（抜粋）

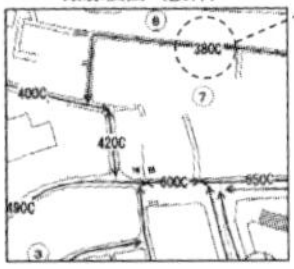

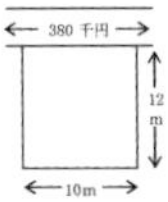

［普通住宅地区］

（路線価）　（奥行価格補正率）　（面積）　　（評価額）
38 万円　×　1.00　×　120 ㎡　＝　4,560 万円

（注）調整率には、「奥行価格補正率」、「側方路線影響加算率」などがあります。具体的な数値については、国税庁ホームページ【www.nta.go.jp】で確認することができます。

【倍率方式】

路線価が定められていない地域の評価方法です。宅地の価額は、原則として、その宅地の固定資産税評価額（都税事務所や市（区）役所又は町村役場で確認してください。）に一定の倍率（倍率は「評価倍率表※」で確認できます。）を掛けて計算します。

評価倍率表（抜粋）

固定資産税評価額に乗ずる倍率等						
宅地	田	畑	山林	原野	牧場	池沼
路線	比準	比準	比準	比準		
1.1	純 13	純 22				
1.1	純 11	純 16	純 19	純 20		

（固定資産税評価額）　（倍率）　（評価額）
1,000 万円　×　1.1　＝　1,100 万円

（注）評価倍率表の「固定資産税評価額に乗ずる倍率等」の「宅地」欄に「路線」と表示されている地域については、路線価方式により評価を行います。

※　「路線価図」や「評価倍率表」は、国税庁ホームページ【www.rosenka.nta.go.jp】で確認することができます。

（2）建物

原則として、固定資産税評価額（都税事務所や市（区）役所又は町村役場で確認してください。）により評価します。

（3）上場株式

原則として、次のイから二までの価額のうち、最も低い価額により評価します。

イ　相続の開始があった日の終値
ロ　相続の開始があった月の毎日の終値の月平均額
ハ　相続の開始があった月の前月の毎日の終値の月平均額
ニ　相続の開始があった月の前々月の毎日の終値の月平均額

（4）預貯金

原則として、相続開始の日現在の預入残高と相続開始の日現在において解約するとした場合に支払を受けることができる既経過利子の額との合計額により評価します。

ただし、定期預金、定期郵便貯金及び定額郵便貯金以外の預貯金については、相続開始の日現在の既経過利子の額が少額なものに限り、相続開始の日現在の預入残高で評価します。

出所：国税庁ホームページ

【図表 22-④　相続税のあらまし】

7　相続税の計算（具体例）

○ 財産を取得した人それぞれの課税価格の合計額が１億円で、配偶者が 8,000 万円、子２人が 1,000 万円ずつ相続した場合

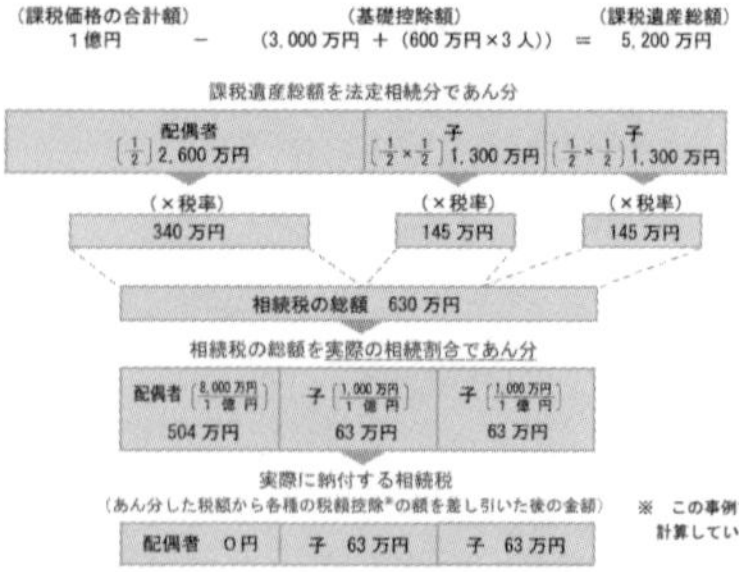

○ 相続税の速算表

区　分	税率	控除額
1,000 万円以下	10%	−
3,000 万円以下	15%	50 万円
5,000 万円以下	20%	200 万円
1 億円以下	30%	700 万円
2 億円以下	40%	1,700 万円
3 億円以下	45%	2,700 万円
6 億円以下	50%	4,200 万円
6 億円超	55%	7,200 万円

※　この事例では「配偶者の税額軽減」のみ適用があったとして計算しています。

（注）1　納付税額が算出される場合は、申告期限（相続の開始があったことを知った日の翌日から 10 か月以内）までに納付してください。
　2　納期限（申告期限）までに金銭で一時に納付することが困難な事由がある場合には、例外的な納付方法である延納又は物納が認められています（国税庁ホームページ【www.nta.go.jp】に、詳しい手続等を記載した「相続税・贈与税の延納の手引」又は「相続税の物納の手引」を掲載していますので、ご覧ください。）。

○　相続税の主な特例

1　小規模宅地等の特例
被相続人又は被相続人と生計を一にしていた被相続人の親族の事業の用又は居住の用に供されていた宅地等がある場合には、一定の要件の下に、相続税の課税価格に算入すべき価額の計算上、一定割合を減額します。

2　配偶者の税額軽減
被相続人の配偶者の課税価格が１億 6,000 万円までか、配偶者の法定相続分相当額までであれば、配偶者に相続税はかかりません。

3　事業承継税制
円滑化法に基づく認定のもと、会社や個人事業の後継者が取得した一定の資産について、相続税の納税が猶予されます。

（注）これらの特例を適用するためには、相続税の申告書を提出する必要があります。
上記１・２については、国税庁ホームページ【www.nta.go.jp】に、「『小規模宅地等の特例』と『配偶者の税額軽減』を適用した相続税申告書の記載例」を掲載していますので、ご覧ください。
上記３の事業承継税制に関する情報等については、国税庁ホームページ【www.nta.go.jp】の「事業承継税制特集」に掲載していますので、ご覧ください。

8　相続税の申告書には「マイナンバー」の記載が必要です！

相続などにより財産を取得した人が、相続税の申告書を提出する場合には、申告書にマイナンバー（個人番号）を記載する必要があります（被相続人のマイナンバーの記載は不要です。）。

また、マイナンバーを記載した申告書を提出する際は、税務署で本人確認（番号確認と身元確認）を行うため、申告書に記載された各相続人の本人確認書類の写しを添付する必要があります（各相続人のうち税務署の窓口で申告書を提出する方は、ご自身の本人確認書類の写しの添付に代えて、本人確認書類を提示していただいても構いません。）。

【参考】　税理士をお探しの方へ

日本税理士会連合会ホームページ内の**税理士情報検索サイト【https://www.zeirishikensaku.jp】**で税理士及び税理士法人を検索することができます。

なお、税理士業務である①税務代理、②税務書類の作成、③税務相談は、たとえ無償であっても税理士等でない者は、他人の求めに応じて行ってはならないとされています。

税理士等でないにもかかわらず税理士業務を行ういわゆる「ニセ税理士」に税理士業務を依頼した場合、税務上のトラブルの原因となるおそれもありますので、ご注意ください！

出所：国税庁ホームページ

【図表 23　相続税基礎控除】

基礎控除額	
平成27年1月1日以後の相続（現行）	3000万円+（法定相続人の数×600万円）
改正前の相続	5000万円＋（法定相続人の数×1000万円）

からも確認することができます。検索エンジンで「路線価図」と検索すると結果が出てきます。

家屋については、死亡時点での年度の固定資産評価額で算出します。

その他の資産については省略しますが、評価方法については、税理士事務所に相談をしながら進めるのがよいでしょう。

ここでの注意点は、被相続人が相続人名義で預金をしていた場合（これを名義預金といいます）の課税価格への加算と相続開始前7年内に被相続人から相続人等へ贈与された生前贈与財産（これをみなし相続財産といいます）の課税価格への加算です。これを加算しないで申告すると、正確な課税価格になっていないとして、管轄の税務署より指摘を受ける可能性があります。

なお、葬儀費用やお寺へのお布施（葬儀時に支払ったもののみ）、死亡時点での被相続人が支払うべきであった未払金などは上記課税価格より控除することができます。

【図表24　相続税額表】

基礎控除後の取得価格	改正前	現行	控除額（現行）
1,000万円以下	10%	10%	-
1,000万円超〜3,000万円以下	15%	15%	50万円
3,000万円超〜5,000万円以下	20%	20%	200万円
5,000万円超〜１億円以下	30%	30%	700万円
１億円超〜２億円以下	40%	40%	1,700万円
２億円超〜３億円以下	40%	45%	2,700万円
３億円超〜6億円以下	50%	50%	4,200万円
6億円超	50%	55%	7,200万円

課税遺産の総額を算出

平成27年1月1日に改正相続税法が施行され、平成27年1月1日以後の相続・遺贈に関し、税率構造や控除額に変動が出ました。平成27年1月1日よりも前の相続に関しては、改正前の税率構造や控除額が適用されます（図表23参照）。

相続税額の総額の算出

・相続税額の総額＝課税遺産総額×各相続人の法定相続割合　×相続税額表（図表24参照）による税率−相　続税額表による控除額＝①

各相続人の相続税額の算出

・各相続人の相続税額＝相続税額の総額①×各相続人の按分割合（相続の割合）

ここで算出された金額が相続税額になります

が、その相続人が相続開始前7年内に贈与税を支払っていた場合や未成年者・障がい者の場合などについては、税額控除の対象となっています。

配偶者の税額軽減（法定相続分もしくは1億6０００万円のいずれか高いほう）もあります。

相続税の２割加算がされるケース（被相続人の１親等血族および配偶者以外の人に原則適用）もあります。

小規模宅地等の特例は相続税申告をしないと受けられない

被相続人または被相続人と生計を一にしていた被相続人の親族の事業の用または居住の用に供されていた宅地等がある場合には、一定の要件の下に、遺産である宅地等のうち、限度面積までの部分について、相続税の課税価格に算入すべき価額の計算上、一定の割合を減額できます。

これを小規模宅地等についての相続税の課税価格の計算の特例といいます。

◆居住用宅地等（特定居住用宅地等）の減額限度面積

・改正前の相続＝限度面積２４０㎡（減額割合80％）

・平成27年1月1日以後の相続（現行）＝限度面積３３０㎡（減額割合80％）

例えば、土地路線価が3，０００万円の方は、右記満額の8割減を使えば、相続税の課税価格は2，４００万円減るため、課税価格６００万円となり、相続税がかかる方は減税になりますし、この特例を使って相続税額が0円になるケースも多くあります。

注意点としては、この特例を使うためには、原則、相続税の申告期限まで（相続開始から10か月以内）に相続税の申告が必要になります。相続税の申告が必要か否かは、この特例を使う前の相続財産の額が相続税の基礎控除の額を超えるかどうかによって判断されます。

この特例を使えば相続税がかからないからといって、相続税の申告をしないでいると、せっかく利用できた小規模宅地等の特例が使えなくなってしまうこともあるので、必ず相続税の申告をして節税対策を取るとよいでしょう。

この特例は、相続税の申告期限まで事業の用または居住の用に供されていることが要件となっています。そのため、申告期限が来る前に宅地等を売却してしまうと、原則、この特例を使うことができなくなります。なお、配偶者はこの要件が課されておらず、宅地等を売却しても特例を使えます。また、被相続人が亡くなる直前に介護施設に入所していた場合でも、要介護または要支援の認定を受けて老人福祉法の特別養護老人ホームなどに入所していて、入所後に生計を別にしている親族が新たに住み始めるなどしていなければ、この特例を使えます。

被相続人が生前に、相続時精算課税制度を使って財産を贈与していると、この特例を使うことができなくなります。相続時精算課税制度は、いったん届出をすると撤回することができないので、将来、小規模宅地等の特例を使う可能性があるときは、相続時精算課税制度を使わないように注意しなければいけません。

詳しくは、お近くの税務署や税理士事務所に相談すべきです。

第3章　必ずわかる！　遺言知識編

1　遺言書の種類──遺言の種類

遺言書の種類

遺言は本文をすべて自筆で書く自筆証書遺言《じひつしょうしょいごん》があり、これはよくドラマなどで取り上げられる遺言ですが、遺言書の種類はそれだけではありません。他にどのような遺言書があるかご説明します。

自筆証書遺言の次に知られている遺言が、公証人《こうしょうにん》という法律の専門家が遺言者に代わって遺言を作成する公正証書遺言《こうせいしょうしょいごん》という遺言があります。

さらに、秘密証書遺言、一般危急時遺言、難船危急時遺言、一般隔絶地遺言、船舶隔絶地遺言という遺言書もありますが、ほとんどの方が自筆証書遺言、公正証書遺言で遺言をつくりますので、ここでは自筆証書遺言と公正証書遺言の相違について図表25で説明します。

遺言の検認《けんにん》

遺言の検認とは、遺言の存在を家庭裁判所に「検」査して「認」めてもらう手続です。遺言の有効無効の判断はしませんのでご注意ください。

自筆証書遺言の場合、検認手続なしでは各種相続手続はできないため、相続する側は少し手間がかかります。なお、第1章の遺言に関する法律の改正の箇所でも述べましたが、２０２０年7月10

【図表25　自筆証書遺言と公正証書遺言の相違】

	自筆証書遺言	公正証書遺言
作成者	遺言者のみ	公証人
証人の要否	不要	2人以上必要
作成費用	不要	公証役場の費用が必要
遺言検認の要否	必要（2020年7月10日施行の遺言保管制度を使えば不要になります）	不要
遺言書の保管	遺言者の責任においてする（2020年7月10日施行の遺言保管制度を使えば法務局にて保管）	公証役場が原本を半永久的に保管

日より施行される遺言書保管法に基づく自筆証書遺言の保管を管轄の法務局に申請した方は、この検認は不要となります。

また、この検認手続は、公正証書遺言の場合も不要になるため、検認手続なしで相続させたいときは、遺言者は自筆証書遺言の場合は新法施行後、法務局に遺言の保管を申請するか、公証役場で公正証書遺言を作成することになります。

遺言書の保管

遺言書の保管の点については、自筆証書遺言の場合、新法による遺言保管申請をしない場合、基本的に自分で保管することが原則ですので、管理上の問題があります。公正証書遺言の場合は、その遺言書の原本が公証役場に保管されますので、自筆証書遺言ほどの管理上のリスクはないですし、紛失のリスクもありません。

誰にも遺言書の内容を知られずに遺言を書きたい場合は、自筆証書遺言または秘密証書遺言にすることになります。ただし、この場合でも、遺言の内容は伏せておいても、遺言を書いている事実は相続人になる方にはあらかじめ伝えておいたほうがよいでしょう。遺言書があることを知らずに、遺言者死亡後、相続人間で遺産分割協議をしてしまうリスクがあるからです。

公正証書遺言は、遺言書の保管管理の点、検認が不要である点などメリットも多いですが、費用がかかる点、完全に秘密にできない点等のデメリットも一部あります。ご自分でどのような遺言にすべきか迷ったときは専門家まで相談するとよいでしょう。

自筆証書遺言の方式

◆自筆証書遺言の特徴

自筆証書遺言とは、遺言者が、全文、日付、氏名を自書し、押印して作成する遺言です。自筆証書遺言の特徴としては次のものがあげられます。

・メリット

① 自分で書けばよいので費用もかからず気軽にいつでも書ける。

② 遺言の存在、遺言内容自体を秘密にできる。

・デメリット

① 紛失・偽造・変造の危険性がある。

② 内容に不備などがあれば無効になる可能性がある。

③ 遺言に基づく相続手続に家庭裁判所の検認手続が必要とされる（遺言保管法による遺言の保管を申請した方を除く）。

◆自書の意味

遺言者について自書が要求されるのは、遺言の偽造・変造を困難にし、遺言内容が遺言者の真意によるものであることを担保するためです。

自筆証書遺言の作成には、証人が必要とされないため、遺言者の自書によって遺言者の意思に基づくことを明らかにするのです。そのため、パソコンやタイプライターなどによって作成したものは無効であり、代筆も認められません（ただし、遺言書の中の相続財産目録は、パソコンでの作成ができるようになりました）。

自書は、自筆で筆記する能力（自書能力）を前提とします。ただし、視力の喪失や病気のために手が震えるなどの理由で、運筆に他人の助けを借りても、それだけでは自書能力は否定されないとした判例があります。しかし、他人が、病気で単独で文字を書けない遺言者の手をとって、遺言者の声に従って誘導しつつ作成された遺言に関しては、自書の要件が欠け、その遺言は無効とされたケースもあります。

カーボン複写の方法によって作成された遺言については、判例上有効とされています（ただし、おすすめはしません。遺言の効力に疑義が出る恐れがあるので、普通の紙に書くようにしてください）。

◆押印について

押印も、自書同様、遺言者の同一性と真意を確認するための手段ですが、使用すべき印章（印鑑）には制限はありません。そのため、三文判（認印）でも有効です。朱肉をつけないシャチハタも印鑑としてダメということではありませんが、朱肉をつける印鑑のほうがよいでしょう。

なお、遺言書作成当時に印鑑証明書を市町村役場で取り、遺言書にその印鑑証明書の印鑑（実印）で押印した遺言書のほうが三文判で押印した遺言書より遺言の証拠力は相対的に高くなりますので、後のトラブル防止のためにも実印のほうがより安心できるとも言えます。

◆日付について

日付の記載が要求されるのは、作成時の遺言能力の有無の確認や内容の抵触する複数の遺言が発見された場合に、どの遺言が遺言者の最終の意思を記載したものであるかを確定するのに必要なためであり、これを欠くと無効になります。

また、日付を確定できるような書き方をする必要があり、「〇年〇月の吉日」などの 書き方は日付を特定できないため無効となる恐れがあります。

公正証書遺言の方式

◆公正証書遺言の特徴

公正証書遺言は、次の方式に従い作成します。

①　証人２人以上の立会いがあること。
②　遺言者が遺言の趣旨を公証人に口授すること。
③　公証人が、遺言者の口述を筆記し、これを遺言者と証人に読み聞かせ、または閲覧させること。
④　遺言者と証人が、筆記の正確なことを承認した後、各自これに署名し、印を押すこと。
※ただし、遺言者が署名することができない場合は、公証人がその事由を附記して、署名に代えることができます。
⑤　公証人が、その証書は以上の方式に従ってつくったものである旨を附記して、これに署名し、印を押すこと。

◆公正証書遺言のメリットとデメリット

公正証書遺言のメリット、デメリットとしては次のことがあげられます。

・メリット
①　公証人や証人の面前で作成し、原本は公証役場で保管するため、偽造、変造の危険性がない。
②　公証人が関与するため無効になる可能性が低い。
③　家庭裁判所の検認が不要。
④　身体が不自由なため自身で遺言書を書けない人でも作成できる。

・デメリット
①　利害関係のない証人が最低２人以上必要。

② 費用がかかる。

③ 公証人と証人には遺言の内容が知られてしまう。

◆聴覚や言語機能に障がいがある者の公正証書遺言の作成

公正証書遺言は、遺言者は自ら全文を書く必要がないことから、以前は、口授・読み聞かせが厳格に要求され、手話通訳や筆談によることはできないとされていました。しかし、現在は、手話通訳または筆談で公正証書遺言をすることが可能になりました。

（参考）公正証書遺言の方式の特則　民法第969条の2

① 口がきけない者が公正証書によって遺言をする場合には、遺言者は、公証人と証人の前で、遺言の趣旨を通訳人の通訳により申述し、または自書して、口授に代えなければならない。

② 遺言者と証人が耳が聞こえない者である場合には、公証人は、筆記した内容を通訳人の通訳または閲覧により遺言者と証人に伝えて、読み聞かせに代えることができる。

なお、秘密証書遺言、危急時遺言等の方式についても、言語機能障がい者が通訳人の通訳によりこれらの方式の遺言をすることも可能です。

秘密証書遺言の方式

◆秘密証書遺言の特徴

秘密証書遺言とは、公証人や証人の前に封印した遺言を提出し、遺言の存在は明確にしつつも、その内容については秘密にできる遺言のことをいい、次の方式に従ってなされます。
①　遺言者がその遺言書に署名押印すること。
②　遺言者がその遺言書を封じ、遺言書に用いたのと同じ印章を以ってこれを封印すること。
③　遺言者が、公証人１人と証人２人以上の前に封書を提示して、自己の遺言書である旨並びに自らの氏名と住所を申述すること。
④　公証人がその遺言書を提出した日付と遺言者の申述を封紙に記載した後、遺言者と証人とともにこれに署名押印すること。

◆秘密証書遺言のメリットとデメリット

また、秘密証書遺言には、次のようなメリット、デメリットがあります。

・メリット
①　遺言書の内容を秘密にすることができる(ただし、遺言をしたという事実は秘密にできません)。
②　ワープロや代筆での作成が可能（ただし、遺言者の署名押印は必要。遺言の本文はパソコン書きでも、署名押印の箇所は自署し押印する必要があります)。

・デメリット
①　利害関係のない証人が2名必要。
②　公証役場での費用がかかる。
③　公証人が内容をチェックできないため、内容に不備があった場合無効になる可能性がある。

④　家庭裁判所の検認が必要（遺言書保管法による遺言の保管は、自筆証書遺言は可能ですが、秘密証書遺言は不可となっています。つまり、秘密証書遺言の場合、遺言の検認手続が必要になります）。

なお、秘密証書遺言としての要件を欠いていたとしても、自筆証書遺言としての要件を満たしていれば、自筆証書遺言として有効になると解されています（無効行為の転換）。

一般危急時遺言（死亡危急者遺言）の方式

◆一般危急時遺言《いっぱんききゅうじいごん》（死亡危急者遺言）の特徴

一般危急時遺言とは、疾病その他の事由によって死亡の危急に迫った者が遺言をしようとするときに用いられる特別方式による遺言です。

なお、特別方式による遺言は、一般危急時遺言の他にも、難船危急時遺言、一般隔絶地遺言、船舶隔絶地遺言などがあります。

一般危急時遺言は、次の方式に従いなされます。

①　証人3人以上の立会いがあること。

②　遺言者が証人の1人に内容を口述すること。

③　口述を受けた証人が内容を筆記し、遺言者と他の証人に読み聞かせ、または閲覧させること。

④　各証人がその筆記した内容が正確なことを承認した後、それぞれ署名押印すること（遺言者の

署名は不要）。

なお、この方式でなされた遺言は、遺言の日から20日以内に、証人の1人または利害関係人から家庭裁判所に請求し、家庭裁判所の「確認」を得なければ効力を失います。この手続によって、家庭裁判所は遺言が遺言者の真意に出たものかどうかを判断することになります。また、相続開始後には、検認手続も必要になります。

特別方式による遺言全般（一般危急時遺言、難船危急時遺言、一般隔絶地遺言、船舶隔絶地遺言）にいえますが、これらは普通方式の遺言（自筆証書遺言、公正証書遺言、秘密証書遺言）よりも簡易にすることができる反面、遺言者に危難などが迫っている場合などに例外的に認められるものなので、危難が去り遺言者が普通方式の遺言ができるようになったときから6か月以上生存したときは、効力を失うことになります。

2　遺言作成の最低限のルール——ルールを守って遺言作成

最低限守るべきルールがある

遺言書は、どのような内容や形式であっても、すべて効力があるというわけではありません。遺言を作成し、その遺言の効力を発生させるためには最低限守るべきルールがあります。ご自分で遺言を作成するときには、次に掲げるルールを守る必要があります。

自分で遺言を全部書く（自筆証書遺言）際に守るルール

自筆証書遺言作成に関して最低限守るべきルールは、次のとおりです。

1　遺言全文を自分の直筆で書くこと（ワープロは不可です。ただし、相続財産の目録については パソコンによる作成が認められるようになりました）。

2　遺言を作成した正確な日付を入れること（●月吉日等は日付を特定できないので不可）。

3　遺言作成者の氏名を自署し、印鑑を押印すること。

用紙はどのようなものでも構いませんが、できるだけ上質紙を使うべきでしょう。また、ボールペンのような簡単に字を消せないもので書く配慮が必要です。フリクションでは、簡単に字を消せるためよくないです。

文字の訂正や削除、加筆の仕方も厳格なルールが法律上定められているので、基本的にはそのような場合、一から遺言を作成し直すか、専門家の助言のもと、加除訂正等をするようにしましょう。

本書94ページに遺言書の変更方法についての説明があります。

公証役場で作成する公正証書遺言のルール

遺言を公正証書で作成する場合は、公証人と言われる法律の専門家（公務員）が遺言を遺言者の代わりに作成してくれますので、自筆証書遺言のようなルールを意識する必要はありません。公証人や公正証書の作成サポートを依頼する専門家にすべてを任せればよいでしょう。

　公証人が作成する公正証書遺言は、法的にもほぼ間違いのないもの（公証人が間違いさえしなければ）になりますし、自筆証書遺言よりも証拠力の点で高いものになりますので、筆者の事務所としてもおすすめする遺言です。

　公正証書遺言を作成するには、遺言者がその遺言内容を公証人に口頭で伝え、それを公証人が聞き取って遺言作成するという流れになります。実際は、公正証書遺言を作成する前に、公証役場に遺言内容についての打合せを行い、後日、正規の手続が行われます（遺言者の依頼により、専門家が公証役場への遺言作成手続をサポートすることも多いです）。

　自筆証書遺言とは違って、公正証書遺言作成時には証人が最低2人は必要になります。相続させたい人や受遺者、それらの者と関係が近い方（例えば、相続人の配偶者など）を証人にはできないのでご注意ください。

　具体的には、次の方は証人になることができません。

（証人および立会人の欠格事由）民法第974条

① 未成年者

② 推定相続人及び受遺者並びにこれらの配偶者及び直系血族

③ 公証人の配偶者、4親等内の親族、書記及び使用人

　このような証人は、証人としての適格性に欠けるので、専門家が第三者として遺言の証人になるケースが多いです。公証役場で証人の紹介をしてくれることもあります。

遺言作成で禁止されていること（共同遺言の禁止）

共同遺言とは、同一の遺言書に相関連する内容の意思表示を2人以上の者が共同でする遺言のことをいいます。

民法上、2人以上の者が同一の証書でする共同遺言は認められていません（民法第975条）。なぜなら、内容的に互いに関連し合っている遺言を認めると、遺言が複雑化したり、各遺言者が自由に遺言を撤回や変更ができなくなったりして、遺言者の最終意思の確保という遺言本来の趣旨が阻害されるからです

ただし、同一の用紙に書かれていても、全く独立の遺言で、切り離せば2通の遺言書になるような場合は、共同遺言に該当しません。

カーボン複写による遺言の有効性についての判例では、内容的に独立していれば、カーボン複写は容易に切り離すことができるので共同遺言には当たらないとした判例があります。

3　遺言の変更と撤回方法—気持ちが変わった、事情が変わった場合

遺言を変更したり撤回したりするとき

遺言書を作成したものの、遺言作成時と死亡時との間に時間的間隔があるため、遺言者は当初の遺言を変更・撤回したいと考えることがあります。そのような場合、どのように遺言を変更・撤回

すればよいのか疑問に思う方もいらっしゃると思いますので、その点についてご説明します。

遺言の変更方法

①　自筆証書・秘密証書遺言の変更

遺言者が、その加除訂正の場所を指示し、これを変更した旨を付記して、特にこれに署名し、かつその変更の場所に印を押さなければその効力を生じません。

付記方法については、具体的に、遺言書本文の加除訂正箇所の近くにある余白に、「この行の●2字削除2字加筆」のような記載をして加除訂正を行います。

②　公正証書遺言の変更

遺言原本の保管先である公証役場へ遺言変更の意思を表明し、遺言変更の手続を取るようにします。なお、公正証書で作成した遺言書を変更する場合、変更後の遺言書も公正証書である必要があるので、変更後の遺言書を公正証書ではない、例えば自筆証書遺言に変更したいときは、日付の新しい自筆証書遺言を一からつくり直す方法を取るべきでしょう。

遺言の撤回方法

遺言者は、いったん有効に成立した遺言でも、いつでも遺言の方式に従って、遺言の全部または一部を自由に撤回することができます。また、この撤回する権利は放棄することはできず、例えば、遺言書に「この遺言は絶対に撤回しない」などと記載したとしても意味はありません。

・遺言書の撤回方法①（おすすめの方法）

自筆証書遺言や秘密証書遺言、特別方式の遺言の場合、その遺言書を遺言者の意思により破棄する。

公正証書遺言の場合は、遺言原本の保管先である公証役場へ遺言撤回の意思を表明し、撤回の手続を取るようにします。

・遺言書の撤回方法②（おすすめの方法）

新しい遺言書をつくり、以前の遺言は撤回するということを新しい遺言書に盛り込むことができます。

このとき「以前の遺言」といっても明確にならないので、以前のどのような遺言（いつ作成した遺言なのか）かを指定することが必要です。

・遺言書の撤回方法③

前の遺言と抵触する遺言の作成をすること。前の遺言の内容と抵触する遺言がなされると、抵触する部分について、後の遺言で前の遺言を撤回したものとみなされます。

・遺言書の撤回方法④

遺言者が前の遺言と抵触する行為をすること。前の遺言と抵触する生前処分その他法律行為がなされた場合は、遺言後の生前処分により遺言が撤回されたものとみなされます。

・遺言書の撤回方法⑤
遺言者が故意に遺贈の目的物を破棄すること。遺言者が故意に遺贈の目的物を破棄したときは、遺言を撤回したものとみなされます。

4　遺言の無効と取消原因―どんなときに遺言が無効・取消の対象になるのか

遺言の無効が問題となるのは

遺言者は、いつでも遺言の方式に従って、遺言の全部または一部を自由に撤回することができます。そのため、遺言の無効が問題となるのは、通常、遺言者の死亡後になります。

遺言が無効になる原因としては、図表26のようなものがあげられます。

遺言の取消

遺言書は、生前はいつでも撤回ができるため、遺言の取消を認める意味はないように思えます。しかし、詐欺や強迫によって遺言書が作成され、その後、遺言者が何らかの理由で意識不明になり意思能力を失ったような場合には、遺言者は自ら撤回・取消をすることはできませんので、遺言者の代わりに遺言者の成年後見人などが取消権を行使する必要があります。

なお、取消権は相続人に相続されます。

【図表 26―①　遺言書の無効原因】

遺言に特有な無効原因	
方式違背	法律に定める方式に従わなければ遺言は無効です。
遺言能力の欠如	**満15歳以上にならなければ遺言能力がないので無効**です。
共同遺言	2人以上のものが同一の証書でした遺言は無効です。
被後見人による後見人またはその近親者に対する遺言	被後見人が、後見の計算の終了前に、後見人又はその配偶者若しくは直系卑属の利益となるべき遺言をしたときは、その遺言は、無効です（ただし、直系血族、配偶者又は兄弟姉妹が後見人である場合には、適用されません）。

【図表 26―②　遺言書の無効原因】

法律行為一般の無効原因	
公序良俗違反	公の秩序又は善良の風俗に反する事項を目的とする遺言は、無効です。極端な例ですが、例えば、誰かを殺したらあなたに全財産を相続させるなどの誰が考えてもよくない遺言は無効です。
錯誤	**意思表示の重要な部分について**錯誤があった場合は、その遺言は原則無効です。錯誤がなければそのような遺言はしなかったであろうことが推測できる場合などです。

5　遺言の場面で出てくる登場人物―遺言者、推定相続人と受遺者、遺言執行者

遺言の登場人物

① 遺言者

遺言書を作成する本人です。遺言は、遺言能力さえあれば誰でも作成できますが、遺言能力は満15歳以上の者が有するとされています。

② 推定相続人

遺言者が亡くなった際に相続人となり得る人のことを推定相続人といいます。遺言者が亡くなった場合は、相続人となりますので、遺言作成段階では「推定」という言葉を加えて表現します。

③ 受遺者《じゅいしゃ》

遺言者が推定相続人以外の者に財産を譲る場合、その遺言書で財産を譲ると指定された人のことを受遺者といいます。

遺言者の財産全体のうち、包括的に（総財産のうち2分の1などの包括的な表現）財産を譲り受ける人のことを包括受遺者《ほうかつじゅいしゃ》、特定の財産を譲り受ける人のことを特定受遺者《とくていじゅいしゃ》といいます。

法律的には、その地位に違いがあります。包括受遺者のほうが特定受遺者よりも相続人に近い存在になります。

④ 遺言執行者《いごんしっこうしゃ》

遺言書をつくり、その後遺言者が亡くなれば、当然遺言に基づいた相続手続がされますが、そのときいったい誰が遺言内容を実現する（遺言による相続手続をする）のでしょうか。

遺言保管者・発見者が遺言内容を実現すればよいのですが、相続人が複数いる場合ですと、その遺言に不服がある者もいるかもしれません。

遺言に不服がある相続人がいる場合（遺留分の侵害のケースが考えられます）、いくら遺言があっても遺言書の保管者・発見者（相続人や受遺者であることが前提）だけでは遺言による相続手続が取れないことがあります。

また、自筆証書遺言の保管者もしくは発見者が自分に不都合な遺言であると認識している場合（遺言がすでに開封されているケース）、その遺言を勝手に破棄したり、隠したりするかもしれません。

公正証書遺言の場合は、遺言の原本が公証役場に保管されますので、遺言正本や謄本（遺言者に交付される遺言書の手控え）の破棄や隠匿をしても意味がありませんが、自筆証書遺言や秘密証書遺言の場合は、遺言管理者が破棄したり隠匿すれば、この世に遺言はないものと同じことになってしまいます。

このようなケースで、遺言者は、遺言書の保管や管理、遺言者死亡後の遺言による相続手続（遺贈による登記の移転義務履行や物の引渡し等の手続）を任せる人を遺言の中で指定することができます。この任せる相手のことを遺言執行者といいます。

遺言の保管・管理や手続面で、お願いできる遺言執行者がいると、遺言者は安心できるかと思いますし、相続人が複数いて相続人間の利益が相反するような場合などは、遺言執行者を選任することによって遺言の内容をスムーズに実現することができます（遺言執行者は指定をしたほうがよいですが、一部例外を除き、不可欠な存在ではありません）。

◆遺言執行者の資格

遺言執行者は、未成年者や破産した者以外、誰でもなれます。相続人はもちろん、第三者でも法人でも遺言執行者になることができます。

第三者の場合は、信頼のおける方や専門家を遺言執行者にしておくのがよいと思います。遺言による相続手続の経験がない者が遺言執行者になると、様々な手続において苦労されることも考えられるので、専門家を指定する場合は経験のある方を指定するとなおよいでしょう。

なお、遺言執行者の選任は、通常、遺言によって指定されますが、指定されていないまたは指定の委託がない場合、指定された者が就職を拒絶した場合、遺言執行者につき死亡、解任、辞任、資格喪失などの事由が生じた場合等は、利害関係人の請求によって家庭裁判所が選任することもできます。

申立てをできる利害関係人は、相続人、遺言者の債権者、遺贈を受けた者です。遺言執行者に選任された者は、就職を承諾することも拒絶することも自由ですが、承諾したときは直ちに任務を行わなければなりません。また、利害関係者には承諾するかどうかの返答を催告する権利があります。

◆遺言執行者がいないと実現できない事項

認知していない子を遺言により認知する場合と、相続人廃除と廃除の取消を遺言書の中に盛り込む場合は、必ず遺言執行者を選任する必要があります。認知や相続人廃除・廃除の取消は生前に行う方法もありますが、遺言で認知や相続人廃除・廃除の取消を行う場合、遺言執行者がいないと実現できません。

子の認知、相続人の廃除・廃除の取消をするには、遺言執行者による役所への届出や家庭裁判所への審判の請求が必要になりますが、実質的に利益が対立する相続人が遺言執行者になると、これらの手続を行わず、自分に有利なように取り計らう可能性があるので、このようなケースでは、中立的な立場の遺言執行者（相続人や受遺者ではない者）が必要になります。

◆遺言執行者の権限

遺言執行者は、相続財産の管理その他遺言の執行に必要な一切の行為をする権利義務を有します。遺言執行者は、まず遅滞なく相続財産の目録を調製して、これを相続人に交付しなければなりません。そして、不動産の遺贈登記や預金の払戻し・名義変更などの相続手続を行います。

遺言執行者は、これまでの民法のルールでは、原則的にやむを得ない事由がなければ第三者にその任務を行わせることができなかったのですが、現在は自己の責任で遺言執行者以外の第三者にその任務を行わせることができるようになりました（遺言者が反対の意思を表示していない場合）。

遺言執行者が相続人である場合、遺言の執行実務の経験がないことが多いと思いますので、ご自身で遺言執行をするのに不安がある場合は、その遺言執行を専門家にサポートしてもらうとよいでしょう。第三者が遺言執行をすることによって、より公平な相続手続の実現もできると思います。

また、これまでのルールでは、遺言書によって特定の不動産を共同相続人の1人または数人に相続させるという遺言（特定財産承継遺言といいます）があったとしても、遺言執行者においてその不動産相続手続（相続登記の申請行為）をすることができなかったのですが、民法のルールが変更され、このような特定財産承継遺言によって、遺言執行者が不動産相続手続をすることが可能になりました。

◆遺言執行者の報酬と遺言執行時の費用負担

遺言執行者の報酬については、遺言に定めていればそれに従い、定めがない場合でも、家庭裁判所が、相続財産の状況その他の事情を考慮して定めることができます。

また、遺言執行の費用は、相続財産から支払われます。ただし、それによって遺留分を減ずることはできず、遺留分を減ずる場合は、受遺者が費用負担をします。

6　どんな人が遺言を書けるか──遺言作成するための能力

遺言能力を有すること

法律で定められた要件（条件）に従って遺言がなされても、遺言者が遺言をするときに遺言能力を有していなければ、遺言は有効とはなりません。

遺言能力を有し、完全に有効な遺言をするには、満15歳以上であることが必要です。ただし、満15歳以上であっても、意思能力がなければ、遺言能力を有するとは言えません。意思能力とは、「自己の行為の結果を弁識するに足りる精神的な能力」、つまり、自分の行為の性質や結果を判断することのできる能力のことです。

そして、遺言は、代理人に書かせることはできません。「親が高齢だから子供の私が代わりに書いてあげる」というケースですが、これはもちろん相続人である代理人と遺言者の利害がぶつかるという不都合があるので不可ですし、仮に利害のぶつかりがないケースであっても、遺言は代理に親しまない行為として、法律で代理作成が禁止されています。専門家が遺言作成をお手伝いするケースでも、代理人としてお手伝いをしているわけではなく、遺言作成についてアドバイスをしたり、遺言作成手続を代行しているだけなのです。

行為能力の制限がある成年被後見人の場合

次に、行為能力の制限がある（判断能力が欠如）成年被後見人の遺言作成についてご説明します。

成年被後見人とは、簡単にいうと十分な意思表示ができない人であると家庭裁判所の審判で決定された人をいいます。成年被後見人には、その方の財産を管理したり、身上を看護する成年後見人が家庭裁判所の審判で選ばれます。よくあるのは、認知症になって意思表示ができなくなった方が成年被後見人とされるケースです。

では、成年被後見人が一時的に判断能力を回復したときでも、その方は遺言を書けないのでしょうか。このような一時的に判断能力の回復が見られたときは、成年被後見人であっても遺言能力があると法律は認めています。ただし、成年被後見人が遺言を書くには、２人以上の医師を立ち会わせることが必要となっています。

7　どんな人が遺言を書いたほうがよいか

遺言作成のメリット

生前に遺言書をつくっておくと、いったいどんなメリットがあるのでしょうか。遺言作成のメリットについてきちんと理解をしておけば、遺言は大変有用な生前対策ということがわかります。

それでは、遺言書を作成しておく最大のメリットを２つ挙げます。

メリット１／法定相続人による遺産分割協議が不要になる

遺言がない場合、原則、亡くなった方の相続人が相続財産の分割に関して協議を行い、協議が整ってはじめて遺産分けができることになります。遺産分割協議で一番大変なことは、何といっても相続人全員の足並みを揃えることです。１人でも不同意な者がいれば、相続手続における各種書類への捺印をもらうことができず、いつまで経っても遺産分けができない状態が続くことになります。

遺言者の亡き後、残される相続人にどのように遺産を分配したいかを明確に書きとめておけば、遺産相続における骨肉の争いを防ぐことができます。

「私の子供たちは皆仲がよいから大丈夫だ」とか、「遺言を書くほどの財産はない」と思っていても、自分の亡き後、いざ遺産分割協議となると、相続人だけではなく、その利害関係者も協議に首を突っ込んだりして遺産分割協議が難航するかもしれませんし、どんなに財産が少ないからと言っても、財産が少ないから揉めないとは言い切ることはできません。

時の経過によって人の考え方は変わるものですし、他にもあらゆる状況の変化が考えられるので、自分の死後の遺産分けに関し、争いが生じることを防ぐためには、遺産分割協議が不要になる遺言を作成し、円満な相続に向けた生前対策について考える必要があると言えます。

メリット2／自分の好きなように死後の財産の行き先を指定する（相続させる）ことができる

遺言があれば、自分の好きなように相続人に財産を相続させることができます。「配偶者に全部相続させたい」、「法定相続人以外のお世話になった人に財産を譲りたい」、「この人は他の相続人よりも多めに相続させたい」など、自分の死後の財産は自分で行き先を決めるという必殺技は、遺言書ならではのものです。これは大きなメリットと言えます。

ただし、相続人の遺留分（相続人が有する最低限の相続の取り分）について考慮しなければ、後にトラブルを引き起こす遺言になることもあります。遺言を書く場合は、あらゆる状況を想定し、専門家のアドバイスなどを得ながら書くとよいと思います。

遺言を作成したほうがよいケース

遺言書を書いておけば、相続人同士の遺産分割協議が不要になるというメリットについては先にお話させていただきましたが、特に次のような方は遺言書作成の必要性が高いと言えます。

作成したほうがよいケース１／結婚して配偶者はいるが、子がいないケース

子がいなければ、原則、自分の親や兄弟姉妹が法定相続人に加わるため、相続手続の複雑化（親が高齢で相続手続を取るのが難しい、認知症のため後見人が必要になるなど）、相続人の数が増える等（親も死亡していて、兄弟姉妹が相続人になるケースでは、兄弟姉妹が多いことが多く、その兄弟姉妹も被相続人よりも先に亡くなっている場合、被相続人の甥姪にも相続権が発生し、より手続が大変になる）の問題が生じ、遺産分割協議や相続手続を取るのが難しくなるケースがあります。

子のいない夫婦であれば、自分が先に死亡した場合は、自分の配偶者に全財産を相続させたいと思うのが普通（仲が悪くない限り）であり、残される配偶者に余計な相続手続の手間をかけさせたり、相続人が増えることによる遺産分割協議の難航化などを回避することがこのケースでは必要です。

作成したほうがよいケース2／一部の相続人にどうしても相続させたくないケース

法律上、相続人になる人は決まっていますので、何らかの理由でどうしても一部の相続人に相続させたくない場合、遺言の作成をして、その一部の相続人を除外する必要があります。

「親が入院しても病院に顔すら見せない息子には一銭も相続させたくない」、「事実上婚姻関係が破綻している配偶者へは財産を渡したくない」などの理由がある方は、すぐにでも遺言を作成し対策を取るべきです。

作成したほうがよいケース3／相続人になる人が1人もいないケース

法定相続人になる人が1人もいない（未婚、子がいない、親が死亡、1人っ子で兄弟姉妹がいない）のであれば、相続財産はどこにいくのでしょうか。

この場合は、その相続財産は行き先を失い、原則、国庫に行くことになります。例外的に、特別縁故者という死亡した者と特別な縁故があったものに財産の全部もしくは一部が分与されることもありますが、これは家庭裁判所によって特別縁故者と認められた場合にのみ該当しますので、相続人がいないケースでは、遺言書を作成すべきです。

作成したほうがよいケース4／前の配偶者との間に子がいて、現在は再婚をしているケース

離婚経験があり、その後再婚した方で、前の配偶者との間に子供がいる方は、ご本人が亡くなった後は、現在の配偶者とともに前配偶者との間の子供も相続人になるため、遺産相続争いになる可能性が通常よりも高いといえます。筆者の事務所に遺言作成をご依頼される方でこの理由によるお悩みを持つ方は多いです。

このようなケースでは、遺言書を作成し、残される相続人が遺産分割協議でいやな思いをしないように配慮をしたほうがよいと思います。

作成したほうがよいケース５／内縁の配偶者に相続させたいケース

法律上の婚姻関係にない内縁の配偶者は、法律上の相続人とならないため、どんなに長年一緒にいたとしても、内縁配偶者の死後、生存側の内縁配偶者は財産を相続できないことになります（特別寄与料の金銭請求は除きます）。

生存側の内縁配偶者側としては、このような事態は納得できないでしょう。この場合も、遺言を作成し、生存側の内縁配偶者に対してその後の生活のこともありますので、充分配慮すべきでしょう。

作成したほうがよいケース６／法定相続分で遺産分割させることに不公平が生じるケース

法律上では、被相続人の死亡後、相続人となるべき人がどのくらいの割合で遺産に対して権利や義務を有するかの指標である法定相続分が定められています。

ここでいう法定相続分は、遺産分割の目安になりますが、場合によっては、法定相続分で遺産分割することに不公平が生じることもあります。

例えば、被相続人の老後の面倒を見てきた相続人と全く疎遠であった相続人が同じ相続分の場合、面倒を見てきた相続人側にとっては、どうしても法定相続分の定めが不公平であると考えることになります。

また、相続人の経済状況や家庭の事情等、遺産分割協議をする際に法定相続分を基準とした遺産分割では公平性が保てないことがあります。

遺言は、法定相続よりも優先されるので、様々な事情を考慮した上で相続人間でトラブルなく遺産分けができるよう、遺言者は遺言を遺し、相続人間の実質的な公平を保つようにしたらよいと思います。

8　遺言でも奪えない遺留分権とは──遺留分の割合と遺留分の権利者

遺留分とは

民法には、法定相続分の定めがありますが、被相続人が遺言によってその法定相続分の割合にかかわらず、自由に財産の行き先を指定することができます。

しかし、何でも自由にできるとすると、相続人の生活の保障が脅かされるケースが出てきますので、そのような不都合を生じさせないように、相続人に対して最低限相続させる権利を留保する制度が設けられています。これが、遺留分《いりゅうぶん》といわれるものです。これは、相続人の財産処分の自由と相続人の保護のバランスを図った制度と言えます。

ただし、すべての人に遺留分権（相続開始とともに相続財産の一定割合を取得請求し得るという権利）があるわけではなく、相続権が配偶者・子（直系卑属）・親（直系尊属）にある場合のみ遺留分権が与えられます。被相続人の兄弟姉妹には遺留分権がありません。

遺留分権を有する者を遺留分権利者と言い、代襲相続が発生しているケースでも、その代襲相続人にも遺留分権は認められます。

遺留分は、相続人に与えられる権利なので、相続欠格・廃除・相続放棄によって相続権がなくなった場合は、遺留分権も失われます。

遺留分侵害額請求権

遺留分を侵害した遺言や生前贈与は、権利を侵害された者が遺留分侵害額請求権《いりゅうぶんしんがいがくせいきゅうけん》を行使し、相続財産を遺言や生前贈与で受けた者へ金銭請求することができます。

なお、遺留分侵害額請求権は、自己の遺留分権が侵害されていることを知ったときから1年、相続開始から10年で時効消滅しますので、権利行使をしたい方は注意が必要です。

各相続人が遺留分権をどの程度持っているのかについては、図表27に示したとおりとなります。

【図表27　遺留分権を有する相続人の遺留分の割合】

遺留分を有する相続人の遺留分割合	
相続人が配偶者・子のペア	被相続人の財産の2分の1（各自の法定相続分の2分の1）
相続人が子だけ	
相続人が配偶者・親のペア	
相続人が配偶者のみ	配偶者のみが被相続人の財産の2分の1
相続人が配偶者・兄弟姉妹のペア	配偶者のみが被相続人の財産の2分の1
相続人が親のみ	被相続人の財産の3分の1（各自の法定相続分の3分の1）

遺留分に配慮した遺言作成

遺言を作成する際は、作成する遺言の内容で遺留分の侵害が出てしまうかどうかを検討する必要があります。

遺留分の侵害があるからといって、その遺言が無効になるわけではなく、完全に有効な遺言であって、遺留分権者が相続人等に対し、遺留分侵害額請求権を行使しなければ、相続人等は遺言に書かれとおりの財産をそっくりそのまま取得できることになります。

遺留分は、遺言者死亡時の財産に図表26で算定した遺留分割合を掛けて算定されます。

遺言を作成する場合は、遺留分の算定の基礎となる遺言者の財産の範囲をある程度明確にして、相続人等が遺留分によって争いを生じさせないようにすることも遺言を作成する段階で重要な検討事項といえます。

第4章　必ずわかる！　家族信託知識編

1　家族信託とは

家族信託の仕組みを理解する

家族信託とは、例えば親が子に自らの財産を託し、託された子はその親の利益になるように親のために財産の管理を行う仕組みをいいます。

家族信託では、財産を託す人のことを委託者《いたくしゃ》と言い、託される側を受託者《じゅたくしゃ》といいます。そして、家族信託の仕組みを少し複雑にしているのが受益者《じゅえきしゃ》の存在です。受益者は、信託財産から得られる利益を享受する人のことをいいます。

親族間や営利追及目的がない知人同士で行う信託のことを法律上は民事信託といい、信託会社や信託銀行などの託される側が営利を目的として行う信託を商事信託といいます。

民事信託は、家族間での契約が特に多いことから、民事信託のことをより馴染みやすい表現にするため、「家族信託」という言葉で表現されることが多いです。

最近では、この家族信託の活用が私たちのような専門家の間でもよく話題になり、ニュースなどでも取り扱われるようになりました。制度自体はいろいろな設計が可能となるため複雑な面もあり、法務・税務の知識も必要なことから、一般の方がこの家族信託を活用しようとすると大変難しく感じると思われます。

親が認知症になった場合の資産の凍結（自由に財産を使えない）や成年後見制度の発動に伴う各種問題を解決できるのが、この家族信託です。

財産凍結を防ぎ、資産の有効活用（委任契約や後見制度の代用、不動産の売却・賃貸・管理・投資運用、預貯金等の金融資産の管理・投資運用など）、相続問題の事前対策（遺言の代用機能、長期的な相続税対策の処理、遺言では解決できない2次相続・3次相続時の資産承継先指定、相続人間での共有不動産としての有効的な活用）として大変便利な制度ですので、是非とも家族信託について学んでいただき、家族信託の利用を考えている方は、私たち専門家にご相談してみてもよいかと思います。

3種類の信託行為について

信託には、3種類の信託行為があります。信託行為とは、信託を設定するための法律行為のことをいいます。

次に、その3種類の行為類型の説明をします。

①　信託契約（契約による信託）

委託者と受託者との間の契約により信託を設定することを信託契約といいます。3種類の信託行為の中で一番使われる類型といえます。契約ですので、通常は信託契約書を作成して設定します。

信託契約書は、私文書（公務員が関与しない書面）でもよいのですが、公正証書にすることで契約自体の信用面、証拠面で私文書よりもより強固な書面となります。

② 遺言による信託

信託契約とは異なり、遺言による信託は、1人で行うことができる単独行為です。契約は、必ず対となる相手方が存在しますが、遺言による信託は相手方がいない行為類型です。この遺言による信託は民法の遺贈に関する規定が類推適用され、委託者の死亡により効力が発生することになります。

なお、紛らわしいのですが、信託銀行で販売している遺言信託という役務サービスは、ここで言う民事信託上の遺言信託とは異なり、あくまで信託銀行において遺言書の作成や保管、遺言執行などのサービスを指しています。

③ 自己信託（信託宣言）

自己信託とは、委託者と受託者を同一人が兼ねて設定する信託行為をいいます。自己信託も遺言による信託と同じで、委託者の単独行為となります（1人で行うことができる）。

委託者が、自分の財産を自分で管理し、その利益を委託者以外の方に及ぼすことが1例として挙げられます。

自己信託は、公正証書その他の書面または電磁的記録によって意思表示を行う必要があります。

なお、自己信託と似た言葉として、自益信託がありますが、自益信託は委託者と受益者が同じ場合の信託をいいます。紛らわしいので注意してください。

家族信託は画期的な法制度といえる（メリット面）

判断能力の程度が低下した場合の財産管理の制度といえば、成年後見制度がありますが、家族信託は委託者が元気なうちに利用することで、委託者の判断能力がその後に低下したとしても、成年後見制度ではできなかった様々な機能をもたせることが可能となります。

例えば、成年後見制度では、本人の判断能力が低下し、本人に成年後見人がついた場合、本人の財産管理は成年後見人が代理人となって行うことになりますが、いくら成年後見人という立場があっても、本人の不動産を売却したり、本人の資産を運用したりすることについては制限がかかります。家庭裁判所が成年後見人の監督的立場を担うことになり、本人の不動産を売却するには家庭裁判所の許可が必要になりますし、資産の運用などを行うことは、原則的に認められません（本人の金銭を使って株式投資したり、不動産を活用した相続税対策などもできません）。

これとは異なり、家族信託では、委託者が元気なうちに信託を組むことにより、前述のような本人の資産活用・運用面での制限を排除することができます。

財産を託された受託者は、信託契約で依頼された信託事務を行う権限があり、これは委託者本人が後に判断能力の低下、死亡などの事由があっても信託契約の中で信託期間などを定めておけば、継続して信託の効果を発揮させることができます。

また、信託には独自的な機能があります。例えば、信託を組むと、その信託された財産（信託財産といいます）は、形式的に受託者の所有物となりますが、あくまで信託財産は受託者の固有財産（受託者のもともとの財産）とは異なるものですので、仮に受託者が破産をしたとしても信託財産は受託者の破産とは関係がなく、受託者の債権者に持っていかれることがありません。

その他、信託には、委託者が受益権の発生、変更、消滅などを自由に定めることができたり（例えば、受益者を異なる人物に連続的に設定し、民法では実現のできなかった2代先・3代先の財産の承継者の指定までできることが1例として挙げられます）、推定相続人同士による遺言者への遺言書換え合戦（圧力）を実質的に防いだりする機能もあります（遺言は、いつでも遺言者が撤回できます。信託は1度設定すると、信託財産の所有権が形式的に受託者に移るので、遺言のような撤回リスクを減らすことができます）。

家族信託のデメリット面

家族信託は、画期的な法制度であるといえますが、何でもかんでも有用に使えるということでもありません。

例えば、成年後見制度では、本人の成年後見人になると、成年後見人は本人の身上監護権（例えば、本人のために介護施設との間で施設の入所契約をしたり、介護保険サービスの利用行為などの権限）を付与されます。しかし、家族信託では、身上監護権という権利はありません。身上監護権を使って介護保険サービスの利用などを検討すべき状況であれば、家族信託（財産管理機能）と成年後見制度の併用も考える必要が出てきます。

また、信託の設定の場面では、受託者の監督者は、受益者や信託監督人（信託契約の際に委託者、受託者とは独立したもので、受託者の財産管理業務の監視役となる者）となりますが、信託監督人がなく、受益者のみが監督的立場を有している状況において、受益者自身にその監督をするための能力が欠如しているケース（受益者代理人がいない場合を想定）では、成年後見制度のような家庭裁判所による監督的機能を持たせることができないこともデメリットといえます。

信託監督人を選任するかどうかも自由なので、信託と成年後見制度を比較した際に、どちらかといえば成年後見制度のほうがより監督的機能が強いといえます。

家族信託は、税務面でも注意が必要で、専門家のアドバイスをもとに信託を組む必要性が高いこともデメリットの1つかもしれません。

信託契約の仕方によっては、思いがけない税金（例えば贈与税）が発生するケースもあります。法律面と税務面の両方がある程度頭に入っていないと、使い勝手はよくないものとなってしまいます。

信託契約における信託期間

信託契約においては、契約の中で自由に信託期間を定めることができます。信託契約のスタートは、委託者と受託者との間の信託契約締結時となります（遺言による信託では、遺言者の死亡時に信託がスタートとなります。ただし、受託者がその遺言による信託を拒否した場合を除きます）。

信託がスタートすると、受託者は、委託者の意思を尊重し、適切な財産管理を行う義務を生じることになります。

前述のとおり、信託契約においては、自由に信託期間を定めることができますので、委託者が亡くなった後においても、信託の契約の効力を継続させることができます。例えば、当初に指定された委託者兼受益者が死亡した後も、次の受益者を契約上指定しておき、その2次的な受益者が死亡して初めて信託を終了させるということも可能になります。

前述のような合意による信託期間の設定の他、信託の終了事由は、信託法に規定があり、信託の目的を達成したとき、または信託の目的を達成することができなくなったときや、受託者が受益権の全部を固有財産で有する状態が1年間継続したとき、受託者が欠けた場合であって、新受託者が就任しない状態が1年間継続したとき、信託財産についての破産手続開始の決定があったときなども、信託の終了事由となります。

2　家族信託の実際の活用場面―一般の家庭で関係があるこの事例だけおさえよう

認知症対策型の家族信託

将来的に、自分もしくは親が認知症になってしまい、施設に入所する費用に充てるためだとか、単に空き家になってしまうためだとかの理由で自宅を売却する必要が生じることがあります。この場合、認知症の本人は不動産を売買する能力がないということで、原則として成年後見制度の利用をしないと不動産売却ができません。不動産の売却（契約や手続）を後見人が代理人となって行うことになります。

しかし、後見人が選任されている場合においても、必ずしも不動産が売却できるとは限りません。成年後見人が不動産の売却を行う場合は、家庭裁判所の許可をもとにはじめて売却が可能となります。売却にも売却を必要とする理由が必要ですし、弁護士や司法書士等の法律専門職の後見人が選任されている場合、不動産売買を伴う事務を代理でしてもらうだけで、後見人の報酬も増額される傾向にあり、費用面でもそれなりの出費が伴います。

そもそものお話をすると、成年後見人の選任手続自体も非常に複雑で大変なものですので、成年後見制度を利用しない認知症対策で法律的にどうにかできないかというお話が出た場合は、家族信託の利用を検討することになります。

高齢などの理由で、将来的に本人が認知症になって自宅の売却ができなくなる不安がある場合、その本人と信頼できる方、例えば親族の誰かとの間で信託契約を交わし、頼まれた受託者が本人（委託者兼受益者のパターン）のために自宅を管理し、売却の必要が生じた場合に受託者が自由に処分できるように設計をしておくのが、認知症対策型の家族信託といえます。

なお、委託者は、そのまま継続して自宅に住む権利や使用する権利、受託者が売却したお金を自分のために使ってもらう権利を信託契約の中で設定することができます。

こうすることで、成年後見制度の利用なくして、子が親の財産管理を行う仕組みを契約でつくることができます。親は、安心して任せられる親族がいる場合、このようにして認知症になってしまい財産の凍結がされてしまうリスクを回避することができるのです。

お子様からのご相談で、親が高齢で判断能力が低下してきているが、親の財産といっても主な財産が不動産のみで、その不動産を売却してお金にしないと次の住む場所の確保が難しい、この場合法律的にどうしたらよいかというご相談が多くあります。このようなご相談を受けた際は、信託契約のご利用をすすめ、生前対策（認知症対策）として、今から不動産の信託を受けておけば、認知症による不動産売却ができなくなるリスクに対応できますとお答えしています。

判断能力がほとんどない状況では、信託契約の締結は難しいこともありますが、まだ軽度の認知症の場合であれば、契約をすることも不可能ではありません。基本的に財産を託す側が元気なうちに早めに対策を取ることがよいと思います。

将来の相続で相続人に判断能力がない方がいる場合の家族信託

将来的に自分が死亡した場合、その相続人の中に認知症や知的障がい等の理由により判断能力がない方がいるケースでは、相続人間での遺産分割協議ができなくなるリスクがあります。何の対策もなく本人が死亡した場合は、判断能力のない相続人のために後見人の選任が必要になってしまいます。

このようなリスクを回避するため、本人は、事前に遺言書の作成をするとか、生前贈与をするとかが多く用いられてきましたが、今では信託契約の利用も多くなってきており、このケースで家族信託を使うこともできます。

例えば、本人の配偶者が認知症だとして、本人は財産をあらかじめ子に託し（信託契約の締結）、その子が受託者となって本人の財産を管理することになれば、この時点で形式上は財産の所有権がその子に移っているので、本人が死亡したとしても、その後の遺産分割ができなくなってしまうというリスクを回避できます。

このケースでは、本人が生きているうちはその財産から生じる利益を本人が享受できるよう設定（委託者兼受益者）し、本人が死亡した後に、その財産から利益を享受できる人を認知症の配偶者と設計（２次的受益者）することも可能ですので、本人の配偶者の相続権や遺留分権も配慮した組立てができます。

財産の承継者を２代先、３代先まで指定できる家族信託

自分が死亡した場合、自分の財産を誰に承継させるかを指定できるのは、主に遺言書ということになります。しかし、遺言書では、ある人にある財産を承継させるということはできても、その先の代（承継者の子供など）まで承継者を指定することはできません。

いったん財産の承継人に渡った財産は、その承継人の固有の財産になってしまうため、その先の代までコントロールすることができなくなってしまうのです。

このようなケースでは、家族信託を利用すれば、委託者兼受益者死亡後の受益者を2次的、3次的に指定し、世代ごとの受益権の承継者を信託契約によってコントロールすることができます。

これは、遺言書ではできなかったことです。「私が生きているうちは、信託した財産から得られる利益は私のもの、私が死んだら妻にその権利を取得させ、その妻が死んだらその財産自体を長男Aに承継させる」というような仕組みです。

なお、信託した財産から得られる利益者を「受益者」といいますが、受益者が持っている権利は受益権であって、財産の所有権ではありません。所有権ではないということから、この仕組みを使うことが可能となっています。

障がいがある子のために親が死亡した後もその子を守るための家族信託

例えば、お子様が何らかの障がいにより自分で自己の財産管理ができずに、親が代わって子の財産管理をしているケースがあります。この場合、その親が亡くなってしまうと、相続の問題とともに、その後の子の財産管理上の問題が生じますので、親からすると大変な不安を抱えた状態ということになります。

このようなケースでは、親族の中で信頼できる人（親族以外でもよいです）との間で信託契約を交わし、自分が亡くなった後も障がいのある子を受益者として指定しておけば、継続してその子のために財産管理を継続させることができる他、信託された財産から生じる利益もその子のために使用させることが可能となります。

なお、このケースでは、信託だけでは解決できないその子の身上監護の問題につき、後見制度との併用も検討するとなおよいと思います。

収益不動産を所有する高齢の親のための不動産管理、相続税対策型の家族信託

不動産の賃貸業を営む方は多くおりますが、その賃貸経営も不動産オーナーの高齢化に伴い、管理上の問題が出てくることがあります。また、不動産を活用した相続税対策というのもありますが、相続税対策を取る頃には、オーナーの方が高齢になってなかなか法律的な対策を取るのが現実的に難しいということもあります。

この場合、不動産経営を次世代のお子様の代に任せ、自分は不動産の収益のみをもらうという形にシフトすることが信託契約において可能となります。

これまでは、生前贈与を利用した資産承継の方法がありましたが、生前贈与でお子様の代に不動産の名義を変えると、贈与税額が多額になったり、なかなか現実的に実行できないという問題がありました。しかし、家族信託では、託す側がそのまま継続して収益をもらい続ける設計にすると、贈与税の問題も起こらず、安心して子の代にその不動産管理や運用を任せることができることになります。

相続税対策についても同じことがいえます。信託契約によって託した不動産の所有権は受託者側に移転するので、高齢になった親が自分で相続税対策をするとなると、判断能力の点や周りの親族の反対などで思い切った相続税対策ができないという事態が多いのですが、形式的でも所有権が受託者に移るということで、必要に応じた相続税対策（土地活用など）を受託者側で行うことができます。

3　他の制度との併用―遺言の作成、任意後見契約、見守り契約との併用

民事信託の制度は、それを単独で利用するだけではなく、遺言書の作成や成年後見制度の利用、任意後見契約・見守り契約等と併用して利用することで更に大きな効果をもたらすことも可能です。

①　家族信託と遺言書と併用

家族信託には、遺言の代用となる機能もあると申し上げましたが、それはあくまで信託された財産についてのみです。ということは、家族信託で遺言の代用ができる範囲は、委託者の財産の一部ということで、将来の財産の承継の場面で漏れが出てくるケースが生じます。

そこで、そのような場合は、家族信託で託した財産以外の財産を遺言書に記載し、家族信託で漏れた財産の行き先を指定すれば、委託者（兼遺言者）のすべての財産の承継について対策を取るこ

とができることになります。

②　家族信託と成年後見制度の併用

先にも述べましたが、家族信託では、財産の管理機能を持たせることはできますが、後見制度で保全できる身上監護権についてはその権限が及びません。

そこで、家族信託の利用をすでにしている方は、委託者の判断能力の低下が生じた後に、成年後見制度の利用も検討し、家族信託と成年後見を併用することにより、財産管理機能と身上監護の機能の両方を持たせることができます。

③　家族信託と任意後見契約や見守り契約の併用

任意後見制度は、将来、認知症や知的障がい、精神障がいなどで判断能力が不十分になったときに備えて、判断能力があるうちに、あらかじめ自らが選んだ代理人（任意後見人）と、自分の「財産管理」や「身上監護」について任意後見契約を結んでおくというものです。

成年後見（法定後見）制度と任意後見制度の大きな違いは、法定後見制度が判断能力が衰えた後になってはじめて利用できるものであるのに対し、任意後見制度は判断能力が衰える前に利用できる制度であるという点です。

成年後見の場合は、必ずしも自分にとって最も適任であると考える人が選任される保証はありませんが、任意後見の場合は自己決定権の尊重から、自分が最も適任だと考える人を後見人に指定できます。

先の②の例では、家族信託と成年後見の併用の例でしたが、家族信託と任意後見制度の併用の場面では、②よりもより自己の財産管理を依頼することにおける決定権が自由で強固になります。

任意後見契約では、身上監護権の代理権の設定もできますので、財産管理は家族信託、身上監護権は任意後見契約、家族信託で信託財産から漏れた財産も任意後見がカバーすることができます。

次に、見守り契約についてですが、見守り契約という概念は、特に法律上定義されているものではありません。例えば、高齢者のお1人様の場合、近所とのお付合いが希薄であれば、本人を気に掛ける人が周りにいなく、本人にとっては大変心細く感じることもあることでしょう。

この見守り契約を有効活用する場面としては、任意後見契約を締結した委任者と受任者との間で、委任者の判断能力の低下の時期を受任者が判断しなければならないときに、この見守り契約を任意後見契約と合わせて取っていると、受任者が適切な時期に任意後見監督人の選任手続を取ることができるので、そのような場面で大変有効活用できることになります。

任意後見契約は、多くの場合、任意後見契約を結んでから任意後見が開始されるまでには多くの時間がありますので、見守り契約をすることにより、その空いた時間を埋め合わせする効果もあります。

家族信託においては、財産管理機能を発揮させ、身上監護機能は任意後見契約で賄い、さらに委託者本人の日々の生活状況や健康状況まで受託者において確認させ、任意後見契約の効力を適切な時期で発動させたいのであれば、信託契約、任意後見契約、見守り契約のトリプル契約で、より委託者本人の万全な生前対策を取ることが可能となります。

任意後見契約は、必ず公証役場で公正証書にしなければならないので、ついでに信託契約と見守り契約も公正証書にしてしまうことも多いです。

4　家族信託と税金──家族信託は税金にも注意しよう

家族信託を設定する際にかかる税金は、どのようなものがあるのでしょうか。ここでは1つひとつ税金関係のお話をさせていただきます。

まずは、その税金の種類です。贈与税、相続税、所得税、登録免許税、固定資産税の5つが家族信託を設定する際に関係するる税金です（税金関係の専門家は税理士となりますので、税金に関する相談を希望されている方は税理士事務所に相談するとよいでしょう）。

贈与税や譲渡所得税が課税されるケース

信託契約の仕方によっては、贈与税が課税されるケースがあります。これは、信託契約において、委託者と受益者が別人格のときに発生します（他益信託）。委託者と受益者が同一人格であれば（自益信託）、実質的な利益の移動がないことになり（財産管理を頼んだ人のところに利益が還元されるので、信託契約前と同様な状況といえます）ますが、委託者と受益者が別ということになれば、委託者が本来もらえるはずの利益を受益者に無償で転嫁したことになるので、権利移転の性質上、贈与とみなされることになります。

なお、贈与された額が年間（1月1日～12月31日）で110万円を超えた場合に、利益を得た受益者側に税金が課税される関係となります。

また、受益者が持つ受益権は、信託の組み方によっては譲渡することが可能ですが、この受益権も無償で譲渡することにより、譲受人に対し贈与税が課税されるケースがあります。

贈与税は、税額も大きいことから、家族信託の税務面では特に注意が必要です。他益信託を設定する場合は、専門家である税理士に相談されることをおすすめします。

なお、受益権を有償で売買した場合は、逆に売主側である元受益者に譲渡所得税が課税されることがあります。無償か有償かによって、課税される人物も変わるのでこちらも注意が必要でしょう。

不動産を信託登記するときの登録免許税

信託財産の中に不動産が含まれる場合、信託契約後にその不動産の所有権移転登記と信託の登記が必要になります。この登記申請時に申請先である法務局に納める税金のことを登録免許税といいます。

所有権移転登記に関しては、登録免許税は非課税となっていますが、信託の登記については、本書執筆時点で、土地がその価格の１０００分の３（０・３％）、建物がその価格の１０００分の４（０・４％）の登録免許税がかかります。

所有権移転登記については、形式的な所有権の移転ということで、対価関係もないことから、委託者側への譲渡所得税はもちろん課税されません。

固定資産税支払通知は委託者から受託者へ

委託者が不動産を所有し、これまでに固定資産税を支払っていた場合、その固定資産税の通知は、所有権移転登記および信託の登記後には、受託者宛に送付されます（所有権移転の時期によっては翌年ではなく、翌々年に通知されるケースもあります）。

受託者は、形式的な所有者であり、実質的な所有者ではありませんが、通知自体は受託者宛に届くことになります。この支払いについては、受託者において信託財産より支払ったり、金銭の信託がないようなケースでは、委託者や受益者に対し別途金銭支払いを求めることになります。

信託された不動産から生じた所得税は受益者へ

信託財産の中に賃貸不動産があるケースで、その不動産より収益が上がった場合、その利益は受益者に帰属するので、信託不動産からの収益に対する所得税は、受益者の負担となります。確定申告も受益者において行うことになります。

家族信託における相続税が課税されるケース

信託契約において、委託者が受益者の立場を兼ね、委託者が死亡した場合であっても信託契約を終了させず、2次的な受益者を契約上登場させるケースがあります。このように当初受益者の死亡を契機として、2次的受益者に受益権を取得させる際にかかる税金が相続税となります。これは、相続で財産を取得したことに近いので「みなし相続」といいます。

また、単純に受益者が持っている受益権が受益者の法定相続人に承継移転されたケースでも、同様に相続税の課税対象となります。

委託者が死亡した場合の相続税について、信託契約で信託財産の所有権は受託者に移っていますが、これは形式的な所有権移転なので、相続税法上は委託者のもとにまだ信託財産が残っているものと評価されます。

5 家族信託で出てくる登場人物——委託者、受託者、受益者

家族信託における当事者についてご説明します。登場人物は、主に3名おり、それぞれ、委託者、受託者、受益者といいます。

信託における委託者とは、信託財産の所有者のことであり、財産を託す側の人物をいいます。

受託者とは、委託者の反対に、委託者により財産の管理・運用・処分等を任された者をいいます。

最後に、受益者です。受益者とは、託された信託財産から生じる利益をもらう人のことをいい、信託財産の事実上のオーナーと言ってもよいでしょう。

受益者は、自分が利益を受けることができるように、受託者の仕事を監視・監督する権限をも持っています。

6　登場人物の特徴①委託者

どんな人が委託者になれるか

家族信託における委託者で、委託者に該当することになるケースとしては、親が子に財産を託す際のその親が委託者となります。財産管理を「委」任し、「託」す側なので、委託者といいます。

委託者は、信託契約をするための契約行為ができる者であれば誰でも委託者になることができます（未成年者が委託者になる場合は少ないのですが、未成年者が信託契約の当事者になるケースは親権者の同意を得る必要があります）。

注意点としては、すでに認知症やその他の精神上の障害により契約をする能力がない者は委託者になれないということです。この場合での財産管理は、成年後見制度に頼らざるを得ません。

7　登場人物の特徴②受託者と信託監督人と受益者代理人

受託者になれるのは

家族信託における受託者で、受託者に該当することになるケースとしては、親が子に財産を託す際のその子が受託者となります。財産の管理を(受)諾し、「託」される側なので、受託者といいます。

受託者は、個人でも法人でもなることができますが、個人の場合、未成年者、成年被後見人、被保佐人は受託者になることはできないとされています。

財産を託される者には高度な注意義務があることから、未成年者などはその能力がないとされ、受託者になることができないのです。

なお、いくら家族内で信頼できる人がいたとしても、もしかするとその受託者が受益者の利益を考えずに身勝手なことをしてしまうかもしれません。その場合は、受託者の監督者として、信託監督人を契約上選任することもできます。

受益者が高齢で受託者の行動をきちんと監督できないときに、この信託監督人の働きは重要になってきます。

信託監督人は、受託者とは親族関係にない第三者を立てることが理想です。受託者と信託監督人が親族関係にある場合、適正な監督が期待できず、受託者と信託監督人との間で財産管理上の争いが生じるケースもあるので、極力、弁護士等の法律専門家を信託監督人に選任するのがよいかと思います。

また、受益者が高齢に伴い意思の表示ができなくなってしまうことに備え、受益者の代理人を選任しておくこともできます。受益者代理人は、受益者の利益を保護するために、受益者に代わり一切の裁判上または裁判外の行為をする権限を有します。

受託者の権限と義務

受託者は、信託契約の目的達成のために、契約で定められた権限の行使が可能となります。権限の範囲については、信託契約の中で詳細を定め、委託者が望まない権限の行使を制限することもできます。

次に、受託者の法的な義務についてですが、次の義務が受託者に課せられます。受託者は一定の重い責任を負うことになります。

◆善管注意義務

善良な管理者としての高度な義務をいいます。自分の財産の管理以上に注意を持って信託事務を行う必要があります。

◆忠実義務

信託法や信託契約上の信託目的に従って、専ら忠実に受益者の利益にかなうよう信託事務を処理することが必要です。

◆分別管理義務

受託者個人の財産と信託財産とを区別して管理しなければなりません。不動産であれば、登記手続により分別を明確にすることになります。金銭が信託財産であれば、受託者個人の金銭と信託財産とが混じり合わないよう、分別する必要があります(信託された金銭専用の口座を開設するなど)。

◆自己執行義務

受託者は、原則的に自ら信託事務を執行することが必要になります。しかし、実務上は、信託契約書の中に信託事務を第三者へ委託できる旨の条項を入れることで、この義務を回避する方法があります。

◆公平義務

受益者が2人以上いる場合、受託者はその2名以上の受益者に対し公平に信託事務を行う義務があります。

◆帳簿の作成等、報告および保存の義務

受託者は、信託事務に関する計算並びに信託財産に属する財産および信託財産責任負担債務の状況を明らかにするため、信託財産にかかる帳簿その他の書類を作成しなければなりません。

また、受託者は、毎年1回、一定の時期に、貸借対照表、損益計算書その他の法務省令で定める書類も作成する必要があります。それらの書類の保存義務や閲覧請求があったときの開示義務もあります。

◆損失てん補責任

受託者がその任務を怠ったことによって信託財産に損失や変更が生じた場合、損失てん補の責任や原状回復の義務を負うことがあります。

信託契約期間中に受託者が死亡した場合は

信託契約期間中に受託者が死亡した場合であっても、信託契約はそれだけでは終了せず、そのまま契約の効力を維持します。

受託者死亡の場合、受託者の権利義務は、その受託者の相続人には相続されません。信託契約の設計の仕方にもよりますが、受託者が死亡した場合の２次的受託者を信託契約上指定している場合は、その２次的受託者が信託事務を行うことになります。

もしも、２次的受託者の定めがない場合は、委託者および受益者が新たな受託者を探す必要が出てきます。場合によっては、裁判所に受託者の選任申立てを行うというケースもあります。

受託者死亡後、新受託者が選任できず、死亡から1年間（受託者不在のまま1年間）を経過すると、信託契約は強制的に終了ということになります。

なお、人間であれば死亡という事実を避けて通ることができませんが、法律による人（法人）であれば、死亡ということを観念できません。法人であればその法人が受託者として、信託事務を長い年月に渡って行うことも現実的に可能です。信託契約は長い年月に渡ってその効力を維持する設計も可能なため、受託者を法人にすると前述のような個人が死亡した際の様々な問題に対処することもできることになります。

受託者の人数や報酬、解任・辞任など

信託法において、受託者の人数制限については触れられておらず、2人以上の者が受託者になることも可能です。ただし、複数の受託者がいると、受託者同士の意見調整が必要になったり、信託事務の執行が円滑に進まなくなる恐れもあるため、受託者は多ければ多いほどよいということにはなりません。複数受託者の選任をしたい方は、利害関係のない者同士で信託事務を処理する体制にするなど工夫が必要になるでしょう。

次に、受託者の報酬についてです。受託者が委託者の家族であっても、信託契約での合意によって受託者に信託報酬を与えることができます。これは、労務の対価として受け取る報酬と言えます。民事信託（家族信託）の場合、業として信託事務を処理している場合ではないので、報酬をもらっても問題がありません。

受託者側からの意思により、信託契約の受託者の地位から降りたい（辞任）場合は、委託者と受益者の同意が必要となってきます。原則的には受託者の一方的な意思により受託者の地位から退くことはできませんが、やむを得ない事由がある場合についても、裁判所の許可をもらって受託者を

辞めることもできます。この場合、新受託者の選任ももちろん必要になってきます。

それとは反対に、委託者や受益者側から受託者を辞めさせることを解任《かいにん》といいます。この解任を行うには、委託者と受益者の合意によります。また、裁判所の許可をもらって解任手続を行うこともできます。

解任した場合は、受託者が不在となるため、委託者および受益者（委託者不在の場合は、受益者のみ）において新受託者を選任することができます。

8　登場人物の特徴③受益者

どんな人が受益者になれるか

受益者とは、信託契約において信託財産より利益を受ける者のことをいいます。受益者は、信託契約上の委託者によって指定されます（受益者の受諾の意思表示は不要です）。

受益者は、信託契約の成立により受益権を取得し、この受益権は、原則、譲渡可能です。

受益者は、その受益権に基づき、受託者に対し適正に信託事務を処理するよう監督する権限もあり、場合によっては、受託者の解任も行うことができます。

受益者になることができるのは、委託者個人であってもよい（委託者＝受益者。これを自益信託といいます）ですし、法人でもよいです。また、受益者を複数に設定することもできる（受益権の準共有）ほか、権利能力なき社団（例えば、町内会など）や胎児、将来生まれるかもしれない者でもよいのです。また、異時的に受益者を定めることもできます（受益者連続型の場合。例えば、最初は夫が受益者、夫が死んだらその妻が受益者になるケース）。

信託契約上、受益者が死亡しても信託契約終了の定めがない場合は、受益者が有する受益権は、受益者の相続人に相続され、その権利を遺産分割によって承継した者が新受益者となります。受益者が遺言を遺していた場合は、その遺言で受益権の承継先（者）が定まっていれば、その者が新受益者となります。

なお、信託契約で2次的な受益者が定められている場合は、2次的受益者が受益権を取得します。

9　信託財産の範囲、公示方法、信託財産の追加

信託財産とは

信託財産とは、委託者が有する財産が受託者に託されますが、その託された客体そのものを信託財産といいます。

信託財産は、何でもかんでもその客体にすることはできず、一般的には金銭、動産、不動産、有価証券などの金銭的価値のあるものがその客体となります。借金などの消極財産や、銀行預金債権（譲渡が禁止された債権であるため）、年金受給権（委託者の一身専属的な権利のため）は、信託財

産にすることはできません。

なお、消極財産は、信託財産にできませんが、委託者が有する債務を受託者に引き継がせたい場合に、信託契約とは別に債務引受契約を行い、債権者の同意を得れば実質的に債務も信託ができるケースもあります。

信託財産の範囲

信託財産の範囲については、信託法に次のような規定があります。

・信託法第16条　信託行為において信託財産に属すべきものと定められた財産のほか、次に掲げる財産は、信託財産に属する。

　信託財産に属する財産の管理、処分、滅失、損傷その他の事由により受託者が得た財産。

このような規定により、例えば、信託財産を担保にして金融機関から金銭の借入れを行った場合、その借入金も信託財産を構成することになります。また、受託者が信託された不動産を売却して、その不動産が金銭へと変形した場合も、その変形物も信託財産を構成することになるのです。

信託財産の特定、公示方法、信託財産目録、信託財産の追加

信託財産の特定

信託の設定を行う際には、どのようなものが信託財産になるのかを明確にしなければなりません

（信託財産の特定）。

信託契約書を作成するケースでは、通常、信託財産の特定を図るため、信託財産目録を作成します。この信託財産目録は、必ず必要というわけではありませんが、信託する財産が複数ある場合は、信託財産目録を信託契約書につなぎあわせて添付するとよいでしょう。

次に、信託財産の公示についてです。信託法には次のような規定があります。

信託財産に属する財産の対抗要件

・信託法第14条　登記又は登録をしなければ権利の得喪及び変更を第三者に対抗することができない財産については、信託の登記又は登録をしなければ、当該財産が信託財産に属することを第三者に対抗することができない。

第三者に対抗することができないとは、信託財産が不動産である場合、その不動産が信託の設定を受けているということを委託者・受託者以外の第三者に主張することができないということです。つまり、信託設定の登記をしないと、信託された不動産を受託者において安全に運用管理できないことになります。また、信託財産が不動産の場合、その信託設定の登記は、受託者の分別管理義務ともなりますので、やはり登記手続が必要になります。

信託財産の追加

信託契約を締結した後に、信託財産を追加したい場合は、委託者と受託者との合意があれば信託財産の追加は可能となります。追加する財産が金銭であろうと不動産であろうと可能です。

第5章　必ずできる！　相続手続編

1　相続手続の流れ

相続手続全体の流れを理解しよう

相続は、被相続人の死亡によって開始されます。その後の相続手続の流れは、100人いれば100通りの手続となり、相続手続の進め方も人それぞれということになります。

相続手続の期限を意識して進めていかなければならない人もいれば、期限は気にしなくてもよい人もいます。また、遺言の有無や遺言がある場合の遺言書の種類によっても大きく相続手続の流れが変わってきます。遺言がないケースでも相続人全員が円滑に遺産分割協議を行うことができるケース、相続人中に認知症・精神障がいなどの病気で判断能力がない相続人がいるケースも同様です。

相続手続とは別に、被相続人の死後に必要な各種事務（以後、死後事務と表記します）も相続人や相続人の関係者などで取っていく必要もあります。死後事務にも期限があるものもありますし、期限はないが一定の時期までに手続をしないと余計な費用がかかったり、事務手続が煩雑化するものもありますので、そんなにゆったりとしている暇がないことも多いです。

例えば、年金受給者の方が亡くなった場合は、以後、年金が被相続人の口座に入金にならないように年金支給の停止手続を一定の時期までに取らないといけません。これを怠ると、本来もらえない年金が口座に入金になってしまい、それを還付する手続が発生しますので、煩雑なことになってしまいます。

被相続人が賃貸物件に住まいをしていて同居者もいない場合は、相続人や相続人の関係者がすみやかに賃貸物件のオーナーもしくは管理人に通知し、使用しなくなる固定電話の解約や水光熱費の停止もしなければならず余計な費用がかかってしまいます。

相続発生後は、相続手続の期限を意識しながら、死後事務も必要に応じて並行して進めていくようにしましょう。

2　相続手続の進め方

自分で進めるか専門家のサポートを入れるか

前述したように、相続手続は、ケースバイケースで、かなり複雑になったり、法律的な問題が生じたり、そもそもの問題として相続手続の事務処理をする時間すら取れないなど、相続を経験すると様々な困難にぶつかることがあります。

そのようなときは、相続手続をサポートしてくれる専門家に相談したり、相続手続のアウトソーシング（手続の代行や代理）を検討してもよいと思います。

専門家に相続手続を頼む方法としては、ホームページ上に多くの専門家の情報が掲載されているので、「相続　●●」（●●はお住まいの地名を入力する）などと検索すると、大抵、どこの専門家も無料相談の受付をしているので、そのような無料相談を通して、誰に何を頼むかを検討するとよいと思います。

インターネット環境のない方で知合いの専門家がいないという方は、タウンページ情報や各専門家の関連団体（行政書士会、司法書士会、弁護士会、税理士会、法テラスなど）に問い合わせて、相続の相談を受けてくれる人を探してみてもよいと思います。

重要なことは、士業（○○士とつく職業に就く人のこと）であれば誰でも相続について詳しいということではないことです。

相続に特化しているか、相続の経験が豊富な人にできるだけ相続手続を頼むようにするのがベターです。相続に詳しいかどうかは、専門家のホームページをざっと見たり、直接尋ねたりして確認してみるとよいと思います。

なお、筆者は、行政書士の有資格者で行政書士事務所を経営していますが、当事務所は、行政書士だけで処理できない相続につき、協力先の他士業や関係団体にサポートしてもらう体制を整えております。

依頼先の専門家がそのような体制を整えているか（たらい回しにされないようにする）という視点も相続手続を頼む際に必要になると思います。依頼先事務所が各専門科の医師を抱える総合病院のような事務所であるかを確認してみましょう。

3　相続手続以外の死後事務手続

前述したとおり、財産的価値の承継は「相続」ということになりますが、それ以外の事項は「死後事務」に区別されます。

死後事務委任契約とは

死後事務には多くの種類があり、こちらも相続と同様に人それぞれ異なる処理が必要になります。

被相続人が契約していた携帯電話や固定電話、インターネットサービスの停止手続は、死後事務の1例といえます。契約をそのまま承継する場合は相続とも言えますが、契約の停止や解約は一般的に相続人の1名からでも取れます（相続人が複数いて、契約の停止や解約に遺産分割協議が必要となると、遺産分割協議が難航した場合にいつまで経っても固定費が発生することになるので、死後事務の手続先としては相続人の1名からの申出で契約の停止や解約に応じていることが多い）。

このような死後事務は、通常、被相続人の親族が行うことになりますが、親族がいないケースや相続人の誰もが被相続人の死後事務処理を拒否するケースもあります。そのような場合は、相続と同じく、死後事務の処理をしてくれる専門家に相談するなり依頼するなりして対応していくことも場合によっては必要です。筆者も死後事務処理のアウトソーシング（代行）を受けることもあります。

身寄りのないお1人様が、自分が死亡した後の後始末に悩むケースも増えてきています。葬儀や死亡届、宗教家手配、納骨や供養、墓じまい、賃貸家屋の引渡しや遺品整理などの死後事務を頼む人がいない場合は、そのような死後事務を代行処理してくれる専門家との間で生前中に死後事務委任契約を交わして、相続以外の事務処理を任せる準備（終活の一環として）をしておくことも重要なことかと思います。

死後事務にはどのようなものがあるか

死後事務では、被相続人が生前に積み重ねてきた様々な財産関係や契約関係を片づけながら、残された財産の取り扱いや埋葬・供養の仕方などで被相続人の希望をかなえていくという作業を行うことになります。

このような作業の中には、先ほど述べたように基本的に相続人でなければ行えないものも多くあります。相続人ではない人の場合は、どんなに被相続人と身近な関係にあったといっても、1人で作業を行うことができません。

もし、被相続人に後見人が付いていたとしても、死後事務は後見人の本来の業務には含まれないので、代わりに行ってもらうわけにはいきません。被相続人の親族にとっては、葬儀の準備や知り合いへの連絡などのために全く余裕のない中で対応を求められることになり、精神的にも肉体的にも大変負担の大きいものとなっています。

死後事務の中には、被相続人が亡くなってからいつまでという期限が決まっているものも多くあります。様々な作業を期限内に無事に終わらせるには、スケジュールを組み立てて、手早く作業を進めていくことが求められます。

また、子供や孫といった親族が身近にいない人（おひとり様）にとっては、あらかじめ誰にどのように死後事務を行ってもらうか決めておかないと、生前には全く交流のなかった遠縁の親戚が、急に死後事務を担当することになり、思わぬ負担をかけることになってしまいます。死後事務が必要になってから慌てないようにするには、あらかじめ、どのような作業があって、手続にはどれだけ手間がかかるのか知っておくことが大切です。

①各種の届出・葬儀

被相続人が亡くなったときは、7日以内に市区町村の窓口に死亡届を提出しなければいけません。この届出には、医師から受け取った死亡診断書または死体検案書を併せて提出します。続いて、葬儀の準備を進め、親族や知人、寺社や教会などへの連絡を行います。葬儀を行う際は、直葬・家族葬・親族葬など様々な形態がある中でどのような葬儀を行うか決める必要があります。

これらの他にも急いで済ませなければいけない手続があります。相続人が亡くなった後、すみやかに行うものとして、健康保険証や介護保険証の返還、運転免許証やパスポートの返納、被扶養者の健康保険の変更や加入の手続、国民年金や厚生年金の手続などがあります。

また、14日以内に世帯主変更の届出、介護保険の被保険者資格喪失の届出、各種受給手当の申請などを、1か月以内に雇用保険受給資格者証の返還をしなければいけません。

②遺産の把握と清算

被相続人が亡くなった直後に行う届出や葬儀が終わった後は、被相続人の財産を把握して、清算する作業に取り組むことになります。また、相続人が複数いるときは、遺産の分割方法を話し合うための準備をしなければいけません。

ここでは、財産の種類別に作業の内容を挙げておきます。預貯金や株式・投資信託・国債などの有価証券については、金融機関で名義変更や解約の手続を行います。被相続人が生命保険を契約していたときは、生命保険金（死亡保険金）を請求します。健康保険や年金に関わる請求を行う必要もあります。健康保険の埋葬費支給の申請、国民健康保険や労災保険の葬祭費支給の申請、国民健康保険の死亡一時金の請求、国民年金の遺族基礎年金や寡婦年金の請求、厚生年金の遺族厚生年金の請求、高額医療費支給の申請、介護保険料還付の請求などがあります。

土地や建物といった不動産については、名義変更するか売却します。動産の内、家財は処分や売却といった遺品整理を、自動車やバイクは名義変更や売却を行い、ペットは飼うことが出来ないのであれば引き取り手を探します。

③契約関係の処理

遺産の把握と清算の作業と並行して、様々な契約関係を処理することが求められます。よくある契約関係としては、水道、電気、ガス、電話（固定電話・携帯電話）、インターネット回線（光回線）、新聞などがあり、名義変更や解約の手続を行います。

被相続人が負担していた債務も清算する必要があります。未払いの公共料金、クレジットカード、ローン、入院治療費や介護費用、家賃などを支払うとともに、クレジットカードの解約や借家の解約・原状回復・引き渡しなどを進めます。被相続人宛ての通知が届いていないか、定期的に郵便物やメールを確認することも大切です。

また、近年はデジタル遺品と呼ばれる電子データの処理も必要になってきました。ＳＮＳや携帯電話・スマートフォンの連絡先などの個人情報の管理や削除、サブスクリプション（定期購読サービス）契約の解約、電子マネーや暗号通貨（仮想通貨）といったデジタル資産の名義変更や売却が必要になることもあります。

④納骨・供養

財産や契約に関わる手続を一通り終わらせると、死後事務の大部分は完了したことになります。しかし、その後も、お墓などへの納骨や供養が残っています。納骨はお墓が利用されることが多いですが、その際にお墓の使用権をもつ人の承諾が必要になることがあります。

また、お墓以外の納骨方法や改葬・合祀墓・散骨・樹木葬などの墓じまいと呼ばれる方法も増えていて、どのような納骨方法を選ぶのか決める必要があります。

誰に死後事務を依頼するか

従来、死後事務は家族や身近な親族が行うことが一般的でした。しかし、身寄りのない高齢者が増加する中で、誰が死後事務を負担するのかということが社会問題になっています。高齢者が介護施設で暮らしている場合は、施設のスタッフが家族や親族に代わって事実上、死後事務を行うというケースがよく見られます。

また、介護施設を運営する法人や高齢者の生活を支援するＮＰＯ法人が死後事務のサービスを行っているケースもあります。死後事務には、葬儀・納骨・供養や各種の支払いなど、出費が必要になるものもあることから、事務を依頼するときは後々必要となる費用を預託金として預けておくことが一般的です。

しかし、事業者の中には、預託金をそのまま事業所の金庫に置いておく、代表理事の個人名義の口座に入れておくなど、ずさんな管理をしているところがあるという指摘がされています。また、財産の管理についてきちんとしたルールを設けていない事業者もあります。こうした状況を考慮すると、死後事務を依頼するときは、法律の専門家や専門家と提携している事業者を利用するのが良いでしょう。

どのように死後事務を依頼するか

死後事務を依頼するときは、先に挙げた様々な事務の中でどの事務を任せるのか確認したうえで、それぞれの事務について詳しい処理方法を決めておくことが重要です。複数の専門家や事業者に死後事務を依頼するような場合は、各専門家や事業者にどの事務を割り当てるのかも決めておきます。

葬儀・納骨・供養の方法、部屋の片づけ、財産の処分など本人の意思に従って進める事務については、しっかりと意思確認をしておくことも大切です。葬儀を寺社にお願いする場合や、親族が管理しているお墓へ納骨する場合のように、事前に関係者と連絡を取らなければいけない事務についても確認しておきます。

また、先ほど述べたように、一般的には費用に充てるための預託金を支払いますが、どのような方法で費用を支払うかも検討しておく必要があります。事前に預託金を一括して支払う方法の他にも、遺言書を作成して、その中に遺産から費用を支払うように記載しておくという方法があります。

このほか、生命保険を契約している場合は、生命保険金から費用を支払うという方法も考えられます。依頼する事務の内容や費用を支払う方法が固まったときは、委任契約書や財産管理契約書を作成します。

死後事務としては依頼できない事務

死後事務を依頼するときは、依頼することができない事務についても知っておく必要があります。死後事務は、被相続人が亡くなった後に行う手続などを対象としているので、被相続人の生前から介護や介助、生活の見守り、各種手続などを行ってもらうことはできません。

こうした生前の事務を任せたい場合は、死後事務の委任とは別に、見守り契約や事務委任契約を利用する必要があります。将来、認知症になったり判断能力が衰えたりしたときに備えて事務を任せておきたいという場合は、任意後見制度を利用することが考えられます。

また、死後事務では、相続に関わる事項や身分に関わる事項を依頼することはできません。相続に関わる事項としては、相続分の指定や遺産分割方法の指定のように、基本的に相続人が行うものが含まれます。身分に関わる事項としては、認知のように本人だけが行えるものが含まれます。こうした事項を決めておきたい場合は、遺言書で本人の意思を残しておくことになります。

法律の専門家に死後事務を依頼する場合は、併せて見守り契約や事務委任契約、遺言書の作成などのサービスを用意している場合があります。生前から亡くなった後まで一貫したサポートを受けたいという方は、こうしたサービスの利用を検討するとよいでしょう。

4　相続手続の必要書類や収集方法、その書類作成例

ここからは、実際の相続手続で必要となる書類について解説します。

まず、どの相続手続でも共通して必要になる書類がありますので、その書類についてです。

基本書類その1／被相続人の生まれてから亡くなるまでのつながった戸籍・除籍・改製原戸籍

相続手続においては、亡くなった方（被相続人）の生まれてから死亡までの戸籍《こせき》を市町村役場に請求して、それらの戸籍をすべてつなげて取る作業（戸籍収集作業）が必要になります。

これは、戸籍というのは、被相続人の生前中の身分事項（被相続人がいつどこで生まれたとか、いつ誰と結婚したとか、婚姻外の子を認知したとか、誰と養子縁組をしたかなど）を公的に証明した証明書になるので、この戸籍を生まれてから死亡したときまですべてつなげて取得し、相続手続先に被相続人の相続人が誰なのかを証明して、相続手続に関与すべき人を確認する目的があるから必要になるのです。

この戸籍収集作業のやり方を順に追って解説します。

①　被相続人の死亡の記載のある戸籍の取得（戸籍の種類の説明）

被相続人死亡後、死亡届が被相続人の本籍地（戸籍を置いているところ）がある市町村役場に到達し、死亡から数日経つと、被相続人の戸籍の身分事項欄にいつ死亡したかが記載されます。戸籍の取得は、この死亡の記載がされてからスタートします。死亡の記載がいつ戸籍に反映されるかは市町村役場の事務処理のスピードによって異なるので、死亡してすぐに取る場合は、事前に市町村役場に確認し、目途として、いつ頃戸籍に死亡の記載がされるかを確認してから戸籍を請求するようにしましょう。

次に、戸籍の種類についても解説します。

戸籍には、謄本と抄本の違いがありますが、相続の場合は、被相続人に関する戸籍について、すべて「謄本」で請求をしてください。

「謄本」は、戸籍に記載されているすべての人が記載されています。被相続人に配偶者がいれば必ずその戸籍「謄本」に配偶者の記載があります。相続手続では、この戸籍収集で誰が相続人になっているかを相続手続先に証明する必要があるので、「謄本」で請求しないと意味がありません。

なお、戸籍「抄本」というのは、戸籍の中の一部の人だけを抜き出した証明書になります。もしここで被相続人の戸籍「抄本」請求をしてしまうと、被相続人に配偶者がいるのに、その配偶者の記載のない証明書となってしまい、誰が相続人になっているかの証明ができなくなってしまいます。

戸籍の中には、戸籍の筆頭者（戸籍の中の代表者的存在）が必ずいて、この筆頭者と本籍地の組合せで市町村役場では戸籍事務を管理しています。つまり、この筆頭者と本籍地の情報がないと、市町村役場では戸籍の交付申請者に戸籍の交付ができないことになるのです。

戸籍請求をする際に、どうしても被相続人の本籍地がわからない場合は、まずは被相続人の住民票の除票という証明書を請求（証明書に省略事項なしで請求）し、その住民票の除票中に本籍地や戸籍筆頭者の情報が記載されていますので、それをもとに戸籍の請求をするとよいでしょう。

戸籍の種類の中でもう1点、覚えておく事項があります。戸籍謄本と除籍謄本、改製原戸籍《かいせいはらこせき》謄本の違いです。

戸籍謄本は、その証明書の発行日現在において、その戸籍中に誰かが現存している証明書をいいます。人は、死亡するとその戸籍から除籍されますが、その戸籍中に誰かが存在していれば、その証明書は戸籍謄本といえます。また、結婚や養子縁組などの事由により、その当事者が戸籍から抜ける（除籍）こともありますが、このときも戸籍謄本中に誰かが残っていればその証明書は戸籍謄本ということになります。

戸籍謄本とは逆に、戸籍に誰も存在しなくなった証明書を除籍謄本といいます。また、戸籍の本籍地をある場所に移転する（転籍といいます）と、移転前の戸籍は除籍扱いとなり、その本籍地移転前の証明書も除籍謄本となります。

最後に、改製原戸籍謄本ですが、これは、法令の改正に伴い、戸籍のリニューアルを行うことがあるのですが、そのリニューアル前の戸籍を改製原戸籍と呼びます。戸籍のリニューアルを行うとリニューアル後の戸籍とリニューアル前の戸籍が分かれて製作されるので、被相続人の生まれてから死亡までの戸籍をつなげて取る場合、この改製原戸籍謄本も合わせて取らないと、相続人が誰かということを相続手続先に漏れなく説明することができなくなってしまいます。

①の証明書が取れたら、その被相続人の身分事項（被相続人の情報が書かれた欄）を確認し、また、謄本中の被相続人以外の人物を確認して、思ってもいない相続人が存在しないかを確認します。この作業は、次の②以降の証明書についてもすべて同様に確認作業をします。

②　①の証明書を取ってから、その戸籍謄本（もしくは除籍謄本）を見て、その前の除籍謄本（もしくは改製原戸籍謄本）を請求する

①を取ると、①の証明書の中に、必ず、その戸籍謄本（もしくは除籍謄本）の従前の戸籍のありかがわかるようになっています。

①の戸籍謄本（もしくは除籍謄本）が戸籍のリニューアルで書換えをされている場合は、次は改

製原戸籍謄本の請求ということになりますし、戸籍のリニューアルでなく、本籍地の移転（転籍）が行われている場合は、転籍前の除籍謄本の請求という流れになります。

③　②の証明書が取れたら、②の証明書を確認し、同じ作業を繰り返しを行う（戸籍の遡り作業）

被相続人の戸籍・除籍・改製原戸籍の遡りを行い、最終的に被相続人の生まれたときの戸籍まで遡って相続人の確認を行います。

なお、戸籍の遡りは、できれば被相続人の出生時まできっちりと行ったほうがよいです。相続手続先では、15歳まで遡ってくださいとか12歳まで遡ってくださいとかの違いがあるので、それならいっそのこと、出生時まで遡ったほうがすべての相続手続に共通して使えるので、すべて取るようにしたほうがよいでしょう。

被相続人の戸籍・除籍・改製原戸籍は取得してから有効に使える期限というのは基本的にないのですが、相続手続先で指定期限がある場合は、その期限が到来する前に相続手続を取る必要があります。

基本書類その１での注意点

被相続人の生まれてから死亡までの戸籍の取得は、ほとんどの相続手続で要求されますが、次の場合ではこの戸籍収集作業が増えます。

○代襲相続が発生しているケース

被相続人よりも先に（もしくは被相続人と同時に）亡くなった子がいて、その亡くなった子に子がいる（被相続人の孫）ケースは代襲相続といいますが、この代襲相続が発生している場合は、その亡くなった子（被代襲相続人）の生まれてから死亡までの戸籍の取得も必要になります。被代襲相続人の子（代襲相続人）も被相続人の相続人になるので、その相続人の人数も確定させる必要があるためです。

なお、この代襲相続は、被相続人に子や孫などの直系卑属がいなく、親や祖父母などの直系尊属もいない場合で、被相続人の兄弟姉妹が相続人になるケースでも発生することがあります。被相続人よりも先に（もしくは被相続人と同時に）亡くなった兄弟姉妹がいて、その亡くなった兄弟姉妹に子がいる（被相続人の甥や姪）ケースです。この場合も代襲相続と言えますので、被相続人よりも先に（もしくは被相続人と同時に）亡くなった兄弟姉妹（被代襲相続人）の生まれてから死亡までの戸籍の取得も必要になります。

○数次《すうじ》相続が発生しているケース

先の代襲相続と少し異なるのが数次相続のケースです。

被相続人よりも先に被代襲相続人が亡くなったケースでは、被代襲相続人の生まれてから死亡までの戸籍の取得が必要になると申し上げましたが、被相続人死亡後に相続人間での遺産分割未了の状態でその相続人が死亡したケースが数次相続のケースと言えます。

このケースも、被相続人の死亡後に遺産分割未了のまま死亡した相続人の生まれてから死亡までの戸籍の取得も必要になります。相続人が本来持っていた相続の権利関係が、さらにその相続人の相続人に承継されることになるからです。

○相続人の範囲が被相続人の兄弟姉妹や甥姪まで及んでいるケース

この場合の注意点は、被相続人の生まれてから死亡までの戸籍の取得にとどまらず、被相続人の亡親（実親全員の他、養子縁組で被相続人に養親がいる場合は養親全員も含める）の生まれてから死亡までの戸籍の取得も必要になります。

これはなぜかというと、被相続人の亡親の生まれてから死亡までの戸籍も取得しないと、被相続人の兄弟姉妹の人数の確定ができないためです。亡親の生まれてから死亡までの戸籍を取ると、その亡親の子供の数が確認できますので、それは被相続人の兄弟姉妹の人数の確定につながるというわけです。

○戸籍の取得が難しいケース

戸籍収集作業が増えるケースの他に、市区町村役場で戸籍を取得しようとしたところ、ある時点から戸籍をたどることができないというケースもよくあります。

被相続人や亡親が戦前の旧樺太や北方領土に本籍地を置いていて、戦後、本土に引き上げてきたという場合、これらの地域の戸籍の多くは終戦時に失われてしまい、戸籍を取得することができません。旧樺太や北方領土の戸籍でも、ごく一部だけ本土に運び込まれたものがあり、旧樺太の戸籍は外務省が、北方領土の戸籍は釧路地方法務局根室支局が管理しています。もし、これらの中に戸籍が残っていれば、戸籍の代わりとして原本の写しを取得できます。

戸籍によっては、戦時中の空襲や津波などの自然災害で滅失してしまったものや、保存期間を過ぎたため破棄されてしまったものがあります。戸籍が滅失したときは、別の場所に戸籍の副本が残っていれば、それを元にして戸籍が復元されます。しかし、戸籍の副本は、いつも最新の戸籍を反映しているとは限らないので、戸籍を復元しても一部の情報が抜け落ちてしまうことがあります。戸籍が滅失や破棄によって残っていないときは、戸籍を取得することができません。

この場合は、戸籍の代わりに戸籍が滅失または破棄したことの証明書や告知書と呼ばれる文書を取得できます。戸籍が取得できず確認を取れないものの、親族の間では明らかな事実については、事実であって争いが生じないことを約束する上申書と呼ばれる文書を作成して、戸籍が必要な相続手続で提出することがあります。

基本書類その2／相続人全員の戸籍謄本および相続人全員の住民票（もしくは戸籍の附票）

すべての相続手続でこの証明書を漏れなく取る必要まではありませんが、多くの相続手続では相続人全員の戸籍謄本（被相続人の場合と異なり、相続人の場合は戸籍「抄本」でもよいが、相続手続先で戸籍「謄本」を求められるケースもあるので、できたら戸籍「謄本」で取る）を求められますので、この証明書は用意するようにします。

相続人本人が自分の戸籍謄抄本を取ることはできますが、自分以外の戸籍謄抄本は取れないケースもありますので、自分以外の相続人の戸籍謄抄本は他の相続人にお願いして取ってもらうとよいでしょう。

また、相続人全員の住民票（もしくは戸籍の附票↓戸籍の附票とは、戸籍に記載された者の住所情報を記載した証明書のことをいいます）も、すべての相続手続で要求されるものではないのですが、相続関係説明図の作成や遺産分割協議書の作成、その他の各種相続手続書類の中で住所情報を記載することもあるので、できたら併わせて用意するようにしたらよいと思います。

相続人の戸籍謄抄本・住民票（戸籍の附票）は、取得してから有効に使える期限というのは相続手続先で指定されていることがあります。その指定がない場合は厳密な期限があるわけではありませんが、あまりにも古くなった場合は再取得をお願いされることもあります。

基本書類その3／相続人全員の印鑑証明書（遺言書がない場合）

基本書類の最後が、相続人全員の印鑑証明書となります。相続手続では、その相続手続書類に相続人全員の署名および押印を求める扱いが多く、その押印する印鑑は実印（市町村役場に登録してある印鑑）である必要があります。印鑑の登録を市町村役場にしていない方は、市町村役場に実印の登録を行います。

法的に有効な遺言書がある場合は、相続手続書類に相続人全員の署名および押印までは不要になることもありますが、遺言書がない場合は、ほとんどのケースで相続人全員の署名および実印の押印が必要となりますので、それに伴い印鑑証明書の取得が必要になります。

印鑑証明書の使える有効期限は、これも相続手続先により異なりますが、金融機関（預貯金等）では発行より3か月から6か月となっています。

相続で作成する書類作成例（遺産分割協議書・図表28参照）

遺産分割協議書とは、被相続人の遺産に関し、相続人全員がどのようにその遺産を取得するかを取決めした書面です。

遺産分割協議書の作成が必須なケースと不要なケースに分かれますが、相続人間での後日の争いやトラブル防止のため、書類の作成はしておいたほうがよいと思います。

遺産分割協議書の中にはどんなことをどのように記載すべきかは、ケースバイケースとなりますが、ここでは一般的な遺産分割協議書の例を掲載しておきます。

図表28―①のように、遺産分割協議書のタイトルに引き続き、誰がいつ亡くなり、最後の住所はどこであったかを明確にします（最後の本籍地でもよいと思います）。また、生年月日も入れると被相続人が誰であるかをより特定しやすいので、そのような情報も入れるとよいでしょう。

次に、相続人の表示を入れ、被相続人とその相続人との続柄（被相続人から見た続柄）、相続人氏名および生年月日で相続人が誰であるかを特定します。

本文については、条文を付けて、誰がどのような財産を取得するかを明確にします。相続する預

【図表 28-① 遺産分割協議書の作成例】

遺産分割協議書

令和２年１月１日に死亡した**被相続人　相続　太郎**（最後の本籍・●●●●●●●●●●●●●　最後の住所・●●●●●●●●●●●●●　生年月日・昭和●●年●月●日）の相続財産について、同人の法定相続人である、**相続　次郎**及び**相続　花子**は、遺産分割協議の結果、次のとおり遺産分割することに同意した。

相続人の表示

被相続人との続柄・長男　**相続　次郎**　昭和●●年●月●日生

被相続人との続柄・長女　**相続　花子**　昭和●●年●月●日生

記

第１条　相続人・相続次郎及び同・相続花子は、本条記載財産を各人２分の１ずつの割合により相続する。

預貯金

金融機関名　●●銀行　●●支店

預金種類　普通預金

口座番号　０１２３４５６

第２条　相続人・相続次郎は、本条記載財産を単独にて相続する。

不動産

壱、土地

（土地の表示）

所　在　●●●●●●●●●●●●●

地　番　●●番●

地　目　宅地

地　積　●●●平方メートル●●

弐、建物

（主である建物の表示）

所　在　●●●●●●●●●●●●●

家屋番号　●●番●

種　類　居宅

構　造　木造亜鉛メッキ鋼板葺２階建

床面積　１階　●●平方メートル●●

２階　●●平方メートル●●

【図表 28-②　遺産分割協議書の作成例】

第３条　　法定相続人全員は本遺産分割協議に異議がないことを相互に確認した。

以上

以上のとおり遺産分割協議が真正に成立したことを証するため、本遺産分割協議書を作成し、相続人それぞれが署名、実印を押印する。

令和●●年●月●日

住所 ……………………………………………………

氏名 ………………………………㊞

住所 ……………………………………………………

氏名 ………………………………㊞

㊞　　　　㊞

貯金については、金融機関名・支店名・預金の種類（普通預金や定期預金の種別など）、口座番号等の情報の詳細を明記し、他の預貯金と区別できるようにするとよいでしょう。不動産については、法務局に出向いて不動産の登記簿を取得し、登記記録の詳細を遺産分割協議書に記入して、相続する不動産の特定も忘れずにするようにしましょう。

相続で作成する書類作成例（相続関係説明図、法定相続情報証明・図表29、30、31、32参照）

前述の基本書類その1とその2（戸籍関係書類一式、住民票関係書類一式）が揃った段階で、相続手続先に相続人の関係を明瞭に示すために、相続関係説明図の作成もしたほうがよいといえます。ただし、相続関係説明図の作成は必須ではありません。相続関係説明図を相続手続に添付することによって、取得した戸籍の還付請求ができることもあります。

また、被相続人の死亡地や本籍地、相続する不動産の所在地、相続人の住所地などを管轄する法務局に、取得した戸籍関係書類一式、住民票関係書類一式と作成した相続関係説明図を提出した上で、「法定相続情報証明」の交付請求を行うこともできます。

この「法定相続情報証明」を相続手続の際に提出することにより、取得した戸籍関係書類一式、住民票関係書類一式を手続先に提出しなくても相続手続が進むケースもあります。

「法定相続情報証明」については、相続手続で使用する戸籍関係書類が多い場合（戸籍の部数が10以上になるようなケース）や不動産の相続登記の他に金融機関や証券会社等への相続手続を何社

【図表 29　相続関係説明図や法定相続情報の作成例】

被相続人　相続　太郎　相続関係説明図（法定相続情報）

最後の本籍　●●●●●●●●●●●●●●
最後の住所　●●●●●●●●●●●●●●

（長男）相続　次郎
出生　昭和●●年●月●日
住所　●●●●●●●●●●●●●●

（被相続人）相続　太郎
出生　昭和●●年●月●日
死亡　令和２年１月１日

（亡配偶者）相続　和子
出生　昭和●●年●月●日
死亡　平成３１年１月１日

（長女）相続　花子
出生　昭和●●年●月●日
住所　●●●●●●●●●●●●●●

以下余白

作成日：令和２年●月●日
作成者：行政書士千田大輔　㊞
住所：札幌市中央区大通西１１丁目４番地
登記センタービル４階

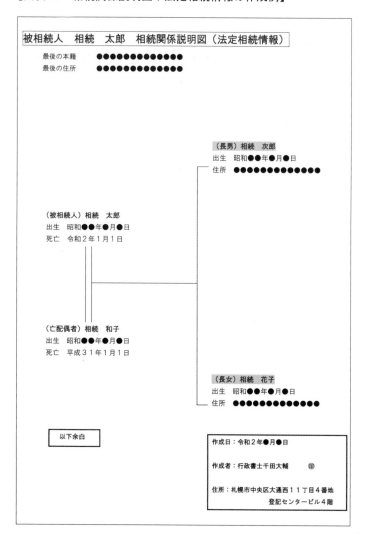

【図表30 法定相続情報証明書申請で必要な書類】

● 法定相続情報一覧図の保管及び一覧図の写しの交付の申出の手続に当たって，用意していただく必要のある書類

～必ず用意する書類～

	書類名	取得先	確認
①	✓ **被相続人（亡くなられた方）の戸除籍謄本** 出生から亡くなられるまでの連続した戸籍謄本及び除籍謄本を用意してください。	被相続人の本籍地の市区町村役場	□
②	✓ **被相続人（亡くなられた方）の住民票の除票** 被相続人の住民票の除票を用意してください。	被相続人の最後の住所地の市区町村役場	□
③	✓ **相続人の戸籍謄抄本** 相続人全員の現在の戸籍謄本又は抄本を用意してください。	各相続人の本籍地の市区町村役場	□
④	✓ **申出人（相続人の代表となって，手続を進める方）の氏名・住所を確認することができる公的書類** 具体的には，以下に例示（※1）する書類のいずれか一つ ◆ 運転免許証のコピー（※2） ◆ マイナンバーカードの表面のコピー（※2） ◆ 住民票記載事項証明書（住民票の写し） など ※1上記以外の書類については，登記所に確認してください。 ※2原本と相違がない旨を記載し，申出人の記名・押印をしてください。	―	□

（注）被相続人の兄弟姉妹が法定相続人となるときなど，法定相続人の確認のために上記①の書類に加えて被相続人の親等に係る戸除籍謄本の添付が必要な場合があります。

～必要となる場合がある書類～

	書類名	取得先	確認
⑤	✓ **（法定相続情報一覧図に相続人の住所を記載する場合）各相続人の住民票記載事項証明書（住民票の写し）** 法定相続情報一覧図に相続人の住所を記載するかどうかは，相続人の任意によるものです。	各相続人の住所地の市区町村役場	□
⑥	✓ **（委任による代理人が申出の手続をする場合）** **⑥-1 委任状** **⑥-2（親族が代理する場合）申出人と代理人が親族関係にあることが分かる戸籍謄本**（①又は③の書類で親族関係が分かる場合は，必要ありません。） **⑥-3（資格者代理人が代理する場合）資格者代理人団体所定の身分証明書の写し等**	⑥-2について，市区町村役場	□
⑦	✓ **（②の書類を取得することができない場合）被相続人の戸籍の附票** 被相続人の住民票の除票が市区町村において廃棄されているなどして取得することができない場合は，被相続人の戸籍の附票を用意してください。	被相続人の本籍地の市区町村役場	□

出所：法務省ホームページ

【図表 31　法定相続情報一覧図の保管および交付の申出書】

別記第１号様式

法定相続情報一覧図の保管及び交付の申出書

（補完年月日　令和　　年　　月　　日）

申出年月日	令和　　年　　月　　日	法定相続情報番号	－　－
被相続人の表示	氏　　名 最後の住所 生年月日　　　年　　月　　日 死亡年月日　　　年　　月　　日		
申出人の表示	住所 氏名　　　　㊞ 連絡先　　－　　－ 被相続人との続柄　（　　　　）		
代理人の表示	住所（事務所） 氏名　　　　㊞ 連絡先　　－　　－ 申出人との関係　□法定代理人　□委任による代理人		
利用目的	□不動産登記　□預貯金の払戻し　□相続税の申告 □その他（　　　　）		
必要な写しの通数・交付方法	通　（　□窓口で受取　□郵送　） ※郵送の場合，送付先は申出人（又は代理人）の表示欄にある住所（事務所）となる。		
被相続人名義の不動産の有無	□有 □無	（有の場合，不動産所在事項又は不動産番号を以下に記載する。）	
申出先登記所の種別	□被相続人の本籍地　□被相続人の最後の住所地 □申出人の住所地　□被相続人名義の不動産の所在地		

上記被相続人の法定相続情報一覧図を別添のとおり提出し，上記通数の一覧図の写しの交付を申出します。交付を受けた一覧図の写しについては，相続手続においてのみ使用し，その他の用途には使用しません。

申出の日から３か月以内に一覧図の写し及び返却書類を受け取らない場合は，廃棄して差し支えありません。

（地方）法務局　　　　支局・出張所　　　　宛

※受領確認書類（不動産登記規則第２４７条第６項の規定により返却する書類に限る。）
戸籍（個人）全部事項証明書（　　通），除籍事項証明書（　　通）戸籍謄本（　　通）
除籍謄本（　　通），改製原戸籍謄本（　　通）戸籍の附票の写し（　　通）
戸籍の附票の除票の写し（　　通）住民票の写し（　　通），住民票の除票の写し（　　通）

受領	確認１	確認２	スキャナ・入力	交付

受取

出所：法務省ホームページ

【図表 32　法定相続情報一覧図の保管および交付の申出書記入例】

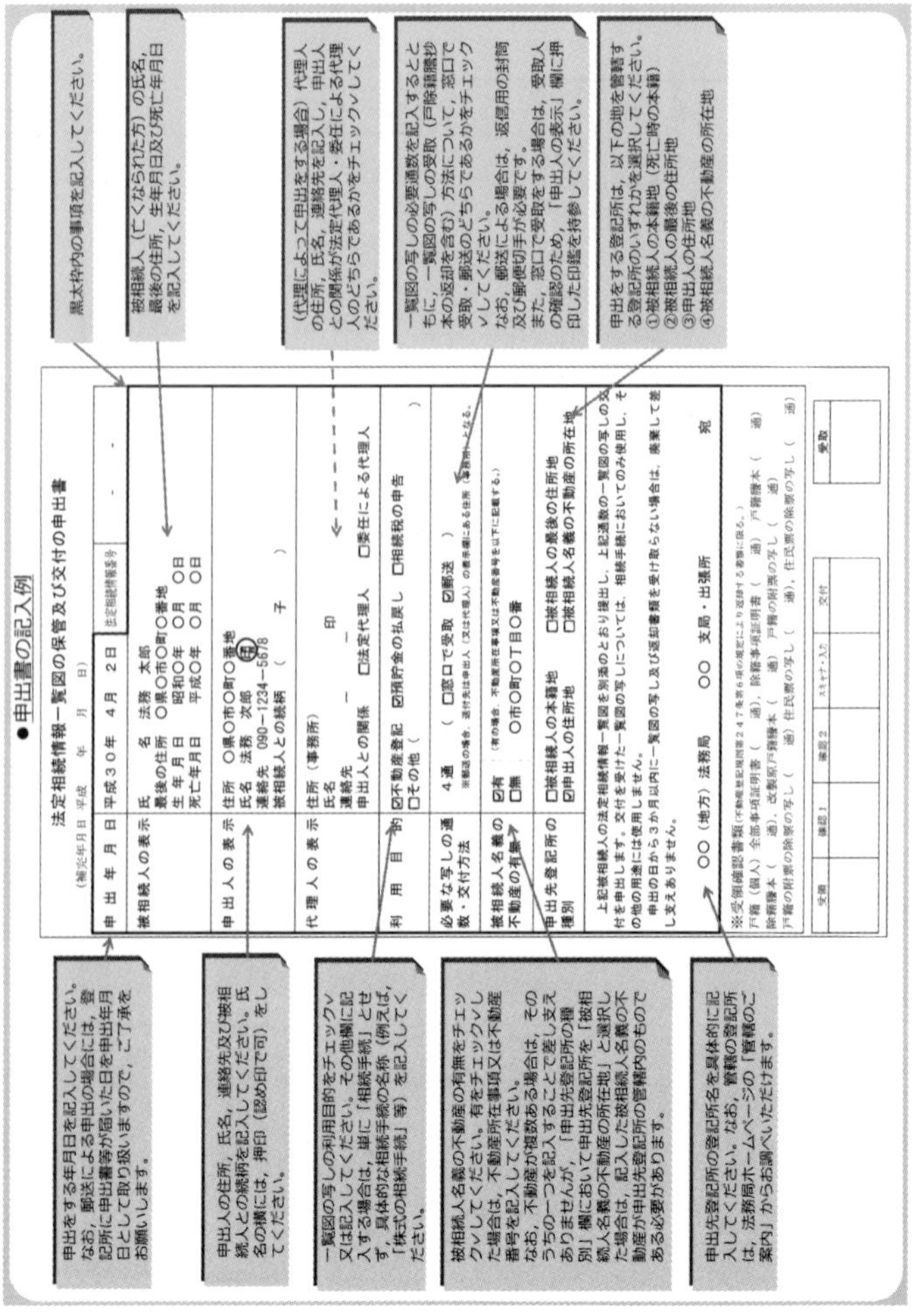

出所：法務省ホームページ

もしなければならない場合には大変便利な証明書です。戸籍関係書類については、相続手続先に申出をすれば戸籍関係書類の原本を返してくれるところがほとんどですが、戸籍についてはホチキス留めしているものが多く、そのホチキス留めを1回ずつ壊してコピーを取ったりするのは案外骨の折れる作業です。この作業にもそれなりの時間がかかりますので、金融機関等での待ち時間を少しでも回避したい場合にはこの「法定相続情報証明」を取得してもよいと思います。

5　相続人の中に未成年者、認知症、失踪者などがいる場合の相続手続

相続人の中に未成年者がいる場合

未成年の子供が相続人になっている場合、その子に法定代理人（通常は親権者）がいれば、その法定代理人が遺産分割の承認・放棄等を代理で行うことができます。共同親権に服している場合は、親権者が共同で親権を行使します。親権者が単独の場合は、単独での親権行使となります。

しかし、その法定代理人も相続人である場合（父が亡くなり、母と未成年の子が相続人になったようなケース）には、お互いの利益が相反するため、家庭裁判所にその子のために別途「特別代理人」を選任する必要が出てきます。

特別代理人は、その未成年の祖父母などの相続人ではない親族がなるケースが多く、また、弁護士などの専門家が担うこともあります。

未成年の子が成人するまで相続手続を保留にして、成人してから遺産分割協議を行う方法もあります。これは、今すぐに相続手続をする必要がないケースや、未成年の子があと少しで成人されるケースなどが考えられます。

特別代理人は、未成年の子1人につき1人必要になり、1人の特別代理人が複数の未成年の子を代理することはできません。

★特別代理人の選任手続

相続人が未成年者・制限行為能力者（成年被後見人等）である場合は、親権者や後見人が代理人として遺産分割協議をするのが通常ですが、その親権者や後見人にも相続権がある場合などはお互いの利益が相反してしまいます。このような場合、親権者や後見人は未成年者や被後見人の代理人にはなれません。そこで、特別代理人の候補者を立て、家庭裁判所で選任してもらいます。

特別代理人選任の手続は、家庭裁判所に対し申述して行います。申述先は、子や被後見人の住所地を管轄する家庭裁判所になります。

必要書類としては、特別代理人選任申述書、利益相反当事者それぞれの戸籍謄本・住民票、特別代理人候補者の戸籍謄本・住民票・身分証明書、遺産分割協議書案などになります（必要書類については、管轄の家庭裁判所によって書類が異なることがあります）。

特別代理人の選任手続を専門家に依頼する場合は、弁護士や司法書士に依頼することになります。

相続人の中に認知症・知的障がい・精神障がいの方がいる場合

相続人間で遺産分割協議をするに当たり、相続人中、認知症・知的障がい・精神障がいのために遺産分割協議ができない場合はどうすればよいでしょうか。

そのような場合は、成年後見制度・任意後見制度上の成年後見人等（成年後見人、保佐人、補助人、任意後見人）によって解決が図られることになります。

成年後見人・保佐人・補助人は、家庭裁判所の審判により、遺産分割協議ができない状態にある本人の「財産管理」や「身上監護」を代わりに行使したりします。

任意後見人に関しては、任意後見契約で決めた代理権の範囲内で権利の代理公使をします。この代理権の範囲に遺産分割の権限が含まれていれば、その代理人は本人に代わって遺産分割協議に参加することができることになります。ちなみに、その代理人も同じく相続人の立場を兼ねている場合は、別途、違う代理人（特別代理人）の選任が必要になります。

もし、そのような成年後見人等を選任せずに遺産分割協議を行った場合は、一部の相続人の意思がないものとして遺産分割協議は無効になってしまいます。そうなると遺産分割のやり直しとなるため、１度分割した遺産をもとの状態に戻す必要が出てきて、法律関係が大変複雑になり、損害賠償などの大きなトラブルになる危険性も出てきます。

相続手続の場面では、遺産分割協議書や各種相続手続書類への署名・捺印は、成年後見人等が代理人として関与することになります。

成年後見人等の選任手続は大変時間のかかる煩雑な手続ですので、相続人の中に判断能力の乏しい方がいる場合は、専門家のサポートも場合によっては必要になるでしょう。

成年後見人の選任手続や任意後見監督人の選任手続は、特別代理人の選任手続と同じく弁護士や司法書士に依頼することになります。裁判所に提出する書類の作成は弁護士や司法書士が専門家となります。

相続人の中に失踪者がいる場合

何らかの理由で相続人の一部の者が失踪してしまった場合、相続はどのようになるのでしょうか。相続は、遺言がない場合、相続人全員が遺産分割協議に参加して、遺産分割をしなければ無効になりますので、相続人中、失踪者がいる場合、相続手続が進まないことになってしまいます。

そこで、このような場合は、次の①、②のような手続をとって、遺産分割を進めることになります。

① 失踪した相続人のために家庭裁判所に対して、不在者財産管理人選任の申立をする。
② 失踪した相続人のために家庭裁判所に対して、失踪宣告の申立をする。
③ 家庭裁判所に対して、所在等不明共有者持分取得の申立をする。

図表33に記載のとおり、失踪宣告の要件を満たさない失踪者に対しては、遺産分割を進めるために、不在者財産管理人の選任を取る必要があります。

【図表 33　失踪宣告の要件】

	普通失踪	特別失踪
失踪の仕方	失踪者の生死が不明	戦地に臨んだ者、沈没した船舶の中に在った者、地震等の災害にあった者、火災にあった者など
失踪期間	失踪の開始より**7年間**	危難の去った時より**1年間**
失踪宣告の効果	7年間の期間満了の時に死亡とみなされる（失踪者に相続が開始）	危難が去った時に死亡とみなされる（失踪者に相続が開始）

例えば、その失踪者（行方不明人）が海外に住んでいると思われるが、その所在の確認ができない場合や住民登録上の住所はわかるが、実際はその登録地に本人がいない場合などにこの手続が使われることが多いです。

不在者財産管理人が家庭裁判所によって選任されると、その不在者財産管理人がその者の代理人となって遺産分割協議に参加し、相続手続を進めることになります（不在者財産管理人は、権限外の行為許可という審判を同じく家庭裁判所からもらって遺産分割協議に参加します）。

次に失踪宣告についてですが、失踪宣告は、普通失踪と特別失踪の２種類の手続があります。両方とも家庭裁判所の審判が必要になります。

失踪宣告の審判（通常、失踪宣告の申立から１年程度の時間がかかることが多い）が下りると、その失踪者は死亡したものとみなされるのですが、その死亡時期は図表32の時期（普通失踪は７年間の期間満了時、特別失踪は危難が去ったとき）となり、その時期にその失踪者に相続が開始されます。

失踪者がその時期に死亡とされることから、もともとの被相続人の死亡時期の前に失踪者が死亡とされれば、代襲相続が発生するケースとなり、被相続人の死亡後に失踪者が死亡とされれば、数次相続が発生するケースも出てきます。

このことから、失踪宣告の審判が下りた後に、その失踪者の相続人等が遺産分割協議に参加し、相続手続を進めていくことになります。

相続人の中に所在のわからない人（所在不明共有者）がいる場合にとることができる新しい仕組みとして、家庭裁判所に対して所在等不明共有者持分取得の申立てができるようになりました。これは、相続開始から10年が経って、相続財産である不動産を共有している相続人の中に所在が不明な人がいるときに、他の相続人や第三者がその持分を取得することを家庭裁判所に認めてもらうという制度になります。

この不在者財産管理人の選任手続、失踪宣告の手続、所在等不明共有者持分取得申立ての手続も、家庭裁判所に対する手続ですので、前述のとおり、弁護士や司法書士が手続の専門家となります。

6　相続人が1人もいない場合の相続手続

相続人が1人も存在しない場合には、相続財産はどうなるのでしょうか。民法第951条では、「相続人のあることが明らかでないときは、相続財産は、法人とする」と規定されており、この財産のかたまりを相続財産法人と呼びます（相続財産に名称がつけられて、相続財産自体に人と同じ人格が付けられるイメージです）。

相続人のあることが明らかでないとき（相続人全員が相続放棄をして、結果として相続する者がいなくなった場合も含まれる）に、家庭裁判所は、利害関係人（被相続人の債権者、特定遺贈を受けた者、特別縁故者など）または検察官の請求によって、相続財産法人の代表者となる相続財産管理人を選任します。

この相続財産管理人の選任手続や後述する特別縁故者を決定する手続も、弁護士や司法書士が手続の専門家です。

相続財産管理人は、被相続人の債権者等に対して被相続人の債務を支払うなどして清算を行います。同時に、相続人の捜索（相続人の捜索の公告）も行い、結局、相続人が現れなければ、清算後に残った財産は特別縁故者（内縁の妻など法律上は相続人ではないが、実際上被相続人と深い縁故を持っていた者）や最終的には国庫に帰属します。

7　プロが教える失敗しない相続手続の方法

①自分でもできる経済的で効率的な戸籍の収集方法

本章の４において戸籍の収集方法について解説させていただきましたが、ご自身で戸籍の収集をする際に、次のように戸籍の収集を行うと効率的にご自身でも取得ができると思います。

★被相続人の死亡記載のある戸籍・除籍・改製原戸籍を本籍地のある市町村役場の現地で取得した場合

市町村役場に実際に出向いて被相続人の死亡の記載のある戸籍・除籍・改製原戸籍を請求する際は、戸籍等の請求書様式が市町村役場に備え付けられていると思いますので、その請求書様式の欄外に「相続手続で使用するため、被相続人●●の取得できる戸籍をすべて交付ください」と記入し、窓口の係の方に口頭でもその旨伝えます。

そうすると、よほどひどい人に当たらない限り、戸籍の交付係の方が、戸籍の読取りをして、その市町村役場で取れるすべての戸籍を交付してくれます。

また、その取り得る戸籍のすべてを交付してもらった後、さらに従前の戸籍（被相続人の戸籍を出生まで遡る）を取るにはどうしたらよいかを尋ねれば、どこの役所に請求していけばよいかまで教えてくれるでしょう。

従前の戸籍の本籍地が遠方の市町村役場の場合、その市町村役場のホームページをインターネットで検索します。ネット環境のない方は、実際に出向いて戸籍を取得した市町村役場の係の方に尋ねてもよいと思います。

令和6年3月1日からは、電子化（コンピュータ化）されている戸籍に限られますが、戸籍の本籍地が遠方の市町村役場の場合や複数の本籍地がある場合でも、最寄りの市町村役場の窓口でまとめて戸籍を取得できるようになりました。

なお、戸籍の遡り作業をしていく中で、現在では存在しない市町村が戸籍中に記載されていることがあります。その場合は、インターネットの検索窓で戸籍に書かれた地名を入力すると、ウィキペディアでその市町村が現在の市町村名（市町村合併を含む）がわかるはずです。

現在の市町村役場が判明したら、「●●市（町村）戸籍郵送請求」と再度インターネットで検索すると、大抵の場合、その市町村に郵送で戸籍を請求するやり方が記載されています。

戸籍の請求様式や記入例もその市町村役場のホームページ上にアップされていますので、その様式をプリントして郵送で交付請求をします。

このときも、実際に市町村役場で戸籍を取得する場合と同様に、「相続手続で使用するため、被相続人●●の取得できる戸籍をすべて交付ください」と請求様式に記載します。

証明書の料金の支払いは、郵便局の定額小為替を購入して、その定額小為替を封書に同封して支払います。定額小為替の購入方法は、郵便局の窓口の方に聞けばすぐにわかると思います。

被相続人の戸籍の遡り作業を行うと、昔の古い情報が書かれた戸籍は、大体、除籍謄本や改製原戸籍謄本で交付されます。除籍謄本も改製原戸籍謄本も全国一律1通750円の交付手数料（本書執筆時点）となることから、郵送請求する場合は、できたら多めに750円の定額小為替を同封して送ります（750円を4枚くらい入れると大体すべて取れるケースが多い）。

また、その後、郵送で送られてきた除籍謄本や改製原戸籍謄本が、被相続人のいつまで遡ったものなのかわかないこともあります。その場合に備えて、郵送請求する際は、戸籍の請求様式の欄外に「被相続人のいつからいつまでの範囲の証明書なのか教えてください」とメモ書きを入れると、大体の市町村役場では丁寧に証明書の範囲を回答してくれるはずです。

★被相続人の死亡の記載のある戸籍・除籍・改製原戸籍を本籍地のある市町村役場に郵送で請求する場合

これは前述のケースとは異なり、被相続人が最後の住所地とは異なる市町村に本籍を置いている場合に多いです。1回目の戸籍の請求時点で郵送請求となってしまうケースです。

この場合は、市町村役場の現地での確認作業ができないので、前述のとおりの戸籍の郵送請求方法で戸籍請求をしていけば問題ないでしょう。

②自分でもできる経済的で効率的な預貯金・有価証券の相続手続

相続手続においては、亡くなるほとんどの方が預貯金口座を保有していますので、預貯金の相続手続はほぼ皆さんが経験することになります。

相続人の中には、被相続人の生前中または死後間もなくして預貯金口座のお金を下ろしてしまう方もいますが、これは後々の遺産分割でトラブルになることもありますので、下ろすにしても必要な範囲内（葬儀代の支払いやその他の至急支払わなければならない費用に充てるなど）にとどめるべきでしょう。

家庭裁判所で相続を放棄する予定の場合は、被相続人の預貯金口座には一切触れないことも必要です。

預貯金（証券会社における株式等の有価証券の相続も同様）の相続手続では、次のような書類を用意することになります（遺言書がない場合で一般的に要求される書類）。

・被相続人の生まれてから死亡までの戸籍謄本・除籍謄本・改製原戸籍謄本　各1通
・相続人全員の戸籍謄抄本　各1通
・相続人全員の印鑑証明書（発行から3か月以内もしくは6か月以内）　各1通
・金融機関や証券会社所定の相続手続依頼書（金融機関や証券会社に出向いて書類の交付を受けるか、インターネット上に書類がアップされているケースはプリントアウトする）

ここで、勘違いしている方も多いのですが、遺産分割協議書の提出は必須ではないということです。もし、預貯金や有価証券の相続手続の時点で遺産分割協議が済んでいて、遺産分割協議書があるのであれば見せてくださいという任意レベルの話なのです。したがって、遺産分割協議書がないと相続手続が進まないという悩みは不要です（ただし、本書で触れましたが、相続人間でのトラブル回避という視点からは遺産分割協議書は作成すべきです）。

ほかに次のような点も覚えておくとよいでしょう。

★戸籍関係証明書は、ほとんどのケースで原本の返還を受けられるので、金融機関や証券会社の件数分取得するのはお金の無駄になります。基本的にはすべて1部あれば十分です。

★法務局で申請して取得する「法定相続情報証明」があれば、金融機関や証券会社に戸籍関係証明書の原本提示は不要になるので便利ですが、相続手続を行う金融機関や証券会社の数が2～3社程度の場合は、「法定相続情報証明」の取得にもそれ相応の手間がかかるため、「法定相続情報証明」なしで相続手続をしても全く問題がない。

★印鑑証明書は、その証明書を使える期限が金融機関・証券会社ごとにあるので、あまりは早い段階で取得しないようにしたほうがよいでしょう。また、印鑑証明書も戸籍と同じように印鑑証明書原本の返還を受けられる金融機関・証券会社が多いので、相続人1名当たり1枚ないし2枚（予備として1枚）を取っておけばよいでしょう。金融機関・証券会社の件数分の印鑑証明書の取得は不要です。

③専門家に頼まず相続手続をしたい場合

相続手続を行政書士、司法書士、税理士、弁護士などの士業に頼まないで行いたい方も多いです。やはりコスト面で相続手続を頼めない方もいます。

専門家を利用することが多いのが、不動産の相続登記（司法書士が専門家）と相続税の申告（税理士が専門家）の場面です。

相続登記については、相続する不動産を管轄する法務局で相続登記手続の無料相談の利用ができます（予約制になっているケースも多い）。何度も法務局に出向いて役所の相談対応者に書類の作成方法などを聞きながら進める気力のある方なら、この無料相談を利用しながら相続登記手続を行うとよいでしょう。

相続税申告については、税務の知識のない一般の方が自分で手続を進めるのは難しい場合が多いです。

ただし、この場合も、相続財産が現金や預貯金のみの場合で、相続人の数もそれほど多くはないのであれば、相続税申告先の税務署で予約制の無料相談の利用ができます。シンプルなケースでは、このような役所の相談窓口を利用することにより、手続をアウトソーシングするコストの削減となります。

筆者の感覚では、司法書士に依頼しないで不動産の相続登記を行う方は、法務局での相談や申請、申請後の書類受領を合わせて３回～５回通ってようやく手続が完了することが多く、相続登記に要する時間も全く経験のない方だと15時間～30時間程度はかかるものと想定されます。

相続税の申告については、税理士に依頼しないで相続税申告をを行う方は、税務署による無料相談の利用を使っても数十時間は要する方が多いと言えます。

④相続手続を専門家や信託銀行などに依頼したい場合

相続手続は、多くの時間や知識を要します。相続人の中には仕事でなかなかまとまった時間を取れない方もおり、また、複雑な事情を抱えるために相続が簡単に進まない方もいます。そのような時に相続手続に必要な事務を外部に委託（委任）する方法があります。

筆者は、相続手続きのサポートを専門に行う行政書士ですが、相続の専門家は他にも、司法書士、税理士、弁護士などがおり、●●士といわれる士業ではこの４士業が相続を専門に扱う事務所が多い傾向にあります（その他の士業や民間資格者なども相続のアドバイスを行っていますので、ホームページやパンフレットなどでどのようなことをしてくれるか事前に確認をするとよいでしょう）。

また、信用面で安心感のある金融機関や証券会社などでも相続手続のサポートを一括して請け負うサービスを提供しています。金融機関等での相続手続サービスの特徴としては、すべての相続手続をその金融機関等が総合窓口として進行してくれる点にあるといえます。費用面では、金融機関等への支払いと専門家への報酬が二重に掛かってきますが、コストよりも安心感を求めるなら金融機関等への委託もよいと思います。

なお、相続人同士での遺産分割協議で既に紛争が生じているようなケースでは、弁護士事務所に相談・依頼する必要があります。

いずれにしても、外部に相続手続を依頼する場合は、その事務所なり会社が相続に詳しいこと、経験があること、費用も事前に明確に説明してくれることを重視したほうがよいでしょう。

第6章　必ずできる！　遺言手続編

1　遺言作成手続の流れ

遺言書は、大まかに分類すると、自筆証書遺言と公正証書遺言に分類され、ほとんどのケースでどちらかの遺言書で作成することになります。

どちらの遺言書を使って作成するかによって、遺言書作成の手順は異なってきます。ここでは自筆証書遺言作成と公正証書遺言作成の手順をまとめます。

2　自筆証書遺言で遺言を作成する場合の流れ

自筆証書遺言は、完全に自分1人で書類作成を完結することができますので、極端な話、紙とペンがあればすぐに作成することができます。しかし、自筆証書遺言の作成ルールは、厳格に守る必要があるので、書籍やインターネット等で最低限の作成ルールを確認したり、場合によっては専門家のアドバイスを受けながら作成することも必要になります。

最低限のルール確認が済めば、次は自分の財産の状況の確認も必要になります。遺産になり得るものがそれほど多くない場合は、財産のリスト化までは不要かと思いますが、たくさんの種類の財産があり、一体自分はどの程度の財産を保有しているかが不明な場合は、財産目録を作成して、どんな財産があり、それらの財産の評価額はいくらくらいになっているのかまで確認したほうがよいと思います。

この点についても、財産の評価方法、財産目録の作成を専門家に相談・依頼しながら進めると安心できると思います。遺言書作成の場面では、筆者のような行政書士のほか、弁護士、司法書士、税理士等も心強いサポーターになってくれると思います。

遺言作成ルールの確認、自己の財産の把握が済んだら、次は実際に誰にどれだけの遺産を相続もしくは遺贈するかの検討です。遺言書の作成をすることを決めた時点ですでに誰にいくらを相続もしくは遺贈するか決定していることもありますが、財産が多くて、相続税や遺留分等にも配慮が必要な方は、財産の棚卸しをしてはじめて遺言書の内容が固まることもあります。

遺言書の内容となる「誰に」「どんな財産を」「どれだけ（いくら）」という部分の「誰に」のところは、客観的に誰がその財産の承継者になっているかを明確にする必要があります。つまり、「人物の特定」を明確に行う必要があるということです。

相続させる人、遺贈する人の特定については、氏名は当然のこと、遺言書作成時点での住所や生年月日、遺言者との続柄（親族関係であれば、遺言者にとっての誰に当たるのか）も遺言書に記載します。

この人物特定のルールは、特に法律上ここまで記載せよという明確なものはありませんが、実際につくった遺言書を使って相続手続をする場面（遺言者死亡後）において、その記載の仕方が相続手続の進行に大きく影響します。曖昧な記載だと、せっかくつくった遺言書が相続手続先で否定されるようなこともあり得ます。人物特定は丁寧に記載するように意識しましょう。

また、「誰に」「どんな財産を」「どれだけ（いくら）」という部分の「どんな財産を」という箇所も、同じく「財産の特定」が非常に重要になってきます。

先に述べた財産目録を作成しないで遺言書を作成する方は、例えば不動産であれば、その財産の特定を不動産の登記簿（法務局で取れる証明書）を取得して行ってください。自宅にある権利証では、権利証自体古いものである場合、不動産の特定の際に不都合が生じる可能性もあります。自宅に多くの権利証があってよくわからないという方もおります。

不動産の登記簿の取得のほか、不動産の評価額を調べるためには、市町村の固定資産税の担当課に出向いて、「固定資産評価証明書」の取得や「不動産の名寄台帳の閲覧」などを行うとよいでしょう。

固定資産税が課税されている不動産を遺言書に記載する場合は、市町村から毎年春頃に送付される「固定資産税納税通知書」にも評価額が書かれています。「固定資産評価証明書」の取得や「不動産の名寄台帳の閲覧」が、書類交付申請者の自宅から遠くにあり、役所に行けない場合は、郵送での申請も受け付けているので、担当課に連絡してその申請方法の確認が必要になります。

不動産のほかにも、預貯金についても大抵の方が1か所以上の取引をしていますので、預貯金の特定もしっかりと行います。

預貯金の特定は、金融機関名、支店名、預金種類（普通預金や定期預金の別）、口座番号の各事項を入れておけば特定としては充分かと思います。

そもそも通帳は保有しているが、通帳の見方がわからない（定期預金の金額がよくわからない）、通帳を紛失していくら入っているかわからない、休眠口座がある、投資信託などの金融商品もあるなどの場合は、できれば金融機関より自己が保有する一切の財産の「残高証明書」の取寄せも場合によっては必要になります。その他、金融機関より定期的に発行交付されているお手紙やハガキを見たりするのも特定作業に役立ちます。

ここでは、不動産と預貯金に絞っての財産の特定方法を解説しましたが、基本、どのような財産であっても、財産の特定はしっかりと行うようにします。

最後に、「誰に」「どんな財産を」「どれだけ（いくら）」という部分の「どれだけ（いくら）」という箇所についてです。

「どれだけ」の財産を承継させるかは、遺言者の判断になりますが、遺言書への書き方としては、自己の一切の財産を包括的に相続させるのか、ある特定の財産を誰かに全部相続させるのか、またはある特定の財産を複数名に割合的に相続させるのかによって、その記載方法が異なります。

★自己の一切の財産を包括的に相続させるケース

「私の有する一切の財産を●●へ相続させる」（相続人以外なら「遺贈する」という文言を使用）。

★自己の一切の財産をある特定の者に包括的・割合的に相続させるケース

「私の有する一切の財産を、遺言者の妻である●●（↑人物の特定も明確に）に2分の1の共有持分割合で相続させ、遺言者の長男である●●（↑人物の特定も明確に）に2分の1の共有持分割合でそれぞれ相続させる」。

★ある特定の財産を特定の者に相続させるケース

「私の有する●●（↑財産の特定を明確に）は、遺言者の妻である●●（↑人物の特定も明確に）に相続させる」。

★ある特定の財産を複数名に包括的・割合的に相続させるケース

「私の有する●●（↑財産の特定を明確に）は、遺言者の妻である●●（↑人物の特定も明確に）に2分の1の共有持分割合で相続させ、遺言者の長男である●●（↑人物の特定も明確に）に2分の1の共有持分割合でそれぞれ相続させる」。

このように遺言書の本文を作成します。自筆証書遺言の場合は、この本文の他に遺言書を作成した日付を記入し（日付の特定）、遺言者の氏名を署名し、署名の末尾に印鑑を押印して完成となります。遺言本文、日付、署名、印鑑をすべて漏れがないように作成することが必要です。

3　公正証書遺言で遺言を作成する場合の流れと公正証書遺言の参考文例

基本的な流れは自筆証書遺言と同じですが、公正証書遺言の場合は、1人で完結できずに、遺言者本人の他、公証人1名、証人を最低2名、遺言公正証書作成手続に関与してもらうことになります。

自筆証書遺言の作成よりも相当に厳格な手続が要求されます。さらに、その証人2名は、遺言者の利害関係人（推定相続人やその配偶者など）であってはならないので、遺言者とは利害関係のない人物に証人の引受けをお願いしないといけません。

実際多いのは、行政書士や弁護士などの士業に遺言公正証書の作成サポートを依頼し、そのままその専門家に証人の引受けをお願いするケースが多いといえます。

前述2の自筆証書遺言で遺言を作成する場合に記載したとおり、遺言公正証書の場合も、遺言書の内容として、「誰に」「どんな財産を」「どれだけ（いくら）」相続させるのかということを明確にする流れで手続を進めていくことになります。

このとき、「誰に」のところは、公証人に対して戸籍謄本や住民票を取得して、「誰に」相続させるかの人物特定をすることになります。

「誰が遺言を書くのか」も、遺言公正証書の場合は確認が必要になるので、それは遺言者の印鑑証明書や公的な身分証明書を公証人に提示・提出して遺言者の本人確認としています。

「どんな財産を」「どれだけ（いくら）」のところは、自筆証書遺言で作成する場合で述べたとおりになります（図表35の作成例参照）。

遺言公正証書の場合、最終の遺言文面は法律の専門家である公証人が作成するため、法律的に誤った記載になる恐れはほぼないと言えます。ですので、文面のつくり方で悩むことはないでしょう。

公証人は、あくまで、遺言者がどんな遺言をつくりたいかを確認し、遺言者の代わりに遺言書を

【図表34　公証役場でかかる費用】

目的の価額	手数料
100万円以下	5,000円
100万円を超え200万円以下	7,000円
200万円を超え500万円以下	11,000円
500万円を超え1,000万円以下	17,000円
1,000万円を超え3,000万円以下	23,000円
3,000万円を超え5,000万円以下	29,000円
5,000万円を超え1億円以下	43,000円
1億円を超え3億円以下	43,000円に超過額5000万円までごとに13,000円を加算した額
3億円を超え10億円以下	95,000円に超過額5,000万円までごとに11,000円を加算した額
10億円を超える場合	249,000円に超過額5,000万円までごとに8,000円を加算した額

出所：日本公証人連合会ホームページ

作成することを業務としていますので、例えば、相続税対策を踏まえた遺言書作成であれば、税理士などの専門家にサポートを依頼しながら遺言案の設計をしていくことも場合によっては必要になります。

相続や遺言に詳しい専門家にサポートしてもらいながら遺言公正証書を作成すると、あらゆる視点を踏まえた遺言書になる可能性が高いので、専門家にサポートを依頼しながら遺言公正証書の作成を進めていくとよいと思います。専門家に遺言作成のサポートを依頼すると費用がかかることから、コスト面が気になる方は、専門家なしでの作成手続となります。

なお、専門家にサポートを依頼しない場合でも、公証人がいる公証役場には遺言公正証書の作成手数料がかかります。図表34が公証役場の費用表となります。

次は、日本公証人連合会による手数料についての解説です。

・財産の相続または遺贈を受ける人ごとにその財産の価

額を算出し、これを図表34の基準表に当てはめて、その価額に対応する手数料額を求め、これらの手数料額を合算して、当該遺言書全体の手数料を算出します…①。

・遺言加算といって、全体の財産が１億円以下のときは、算出された手数料額（①）に、１万１，０００円が加算されます。

・さらに、遺言書は、通常、原本、正本、謄本を各１部作成し、原本は法律に基づき役場で保管し、正本と謄本は遺言者に交付しますが、原本についてはその枚数が法務省令で定める枚数の計算方法により４枚（法務省令で定める横書の証書にあっては、３枚）を超えるときは、超える１枚ごとに２５０円の手数料が加算され、また、正本と謄本の交付にも１枚につき２５０円の割合の手数料が必要となります。

・遺言者が病気または高齢等のために体力が弱り公証役場に赴くことができず、公証人が、病院、ご自宅、老人ホーム等に赴いて公正証書を作成する場合には、①の手数料が50％加算されるほか、公証人の日当と、現地までの交通費がかかります。

結局のところ、遺言公正証書の費用がいくらになるかのポイントとしては、遺言に記載する目的財産価格を基準に、誰にいくら相続もしくは遺贈するかにより費用が決定するということになります。

例えば、遺言者が１，５００万円の財産をある特定の人に相続させるということになれば、図表33の「１，０００万円を超え３，０００万円以下」の項目に１名分該当し、その金額が２３，０００円となっていますので、遺言公正証書の基本手数料は23，000円×1名という計算になります。

その他、遺言に記載する財産の目的価格が1億円以下の場合に無条件でかかる11，000円が加算されますので、合計額が23，000円＋11，000円＝34，000円となります。

遺言公正証書を作成すると、通常、正本（遺言公正証書の正式な控え）と謄本（遺言公正証書の正本以外の控え　遺言公正証書の正本を失くしても再交付できる書類）を1通ずつ交付してもらうことになるので、その正本や謄本代も別途2，000円～3，000円程度は用意することになります。

遺言公正証書を作成する場合にかかる日数については、公証人や証人を手続に関与させる関係で日程の調整が必要になり、通常は2週間～4週間程度かかることが多いです。複雑な事情があったり、財産の調査が必要な場合はもっと多くの時間がかかることもあります。余裕をもって作成の手続を進めることをおすすめします。

公証役場は、全国各地に設置されており、その利用に当たっては遺言者がお住まいの近くの公証役場を利用したらよいでしょう。あまり普段馴染みのない役所ですが、インターネットなどでお住まいの地域＋公証役場で検索すると、いくつかヒットすると思います。

遺言者が入院中や施設にいるなどの理由で公証役場に行けない場合は、公証人に出張してもらうことになりますが、出張対応を受け付けていないケースもあるので、そのあたりは事前に電話連絡などして確認をするようにしましょう。

【図表35-①　遺言公正証書の参考文例】

年第　　　号

遺　言　公　正　証　書

本公証人は、遺言者●●●●の嘱託により、後記証人の立会いのもとに、以下のとおり遺言者の口述を筆記し、この証書を作成する。

第1条　遺言者は、本条記載の不動産及び預貯金を含むその有する一切の財産を、遺言者の夫・●●●●（生年月日・昭和●●年●月●日生　以下、夫・●●という。）に相続させる。

不動産

①　土　地

所　在　●●●●●●●●●●●●

地　番　●番●

地　目　宅　地

地　積　●●●平方メートル●●

②　建　物

所　在　●●●●●●●●●●●●

家屋番号　●番●

【図表 35-②　遺言公正証書の参考文例】

種　類　　居　宅

構　造　　木造亜鉛メッキ鋼板葺２階建

床面積　　１階●●平方メートル●●

２階●●平方メートル●●

預貯金

①　●●●●銀行　●●支店

１）普通預金　口座番号　●●●●●●●

２）定期預金　口座番号　●●●●●●●

②　ゆうちょ銀行

１）通常貯金　記号番号　●●●●●●●●

２）定額貯金　記号番号　●●●●●●●●

２　その他、遺言者が取引中の金融機関の遺言者名義の預貯金の全部

第２条　遺言者は、本遺言書に記載のない遺言者所有の現金、家庭用動産及び株券等の有価証券を含む遺言者に帰属する一切の財産を夫・●●に相続させる。

第３条　遺言者は、本遺言の遺言執行者として、次の者を指定する。

札幌市中央区大通西１１丁目４番地

行政書士千田大輔行政法務事務所

【図表 35-③　遺言公正証書の参考文例】

行政書士　　　　　　　　　　千　　田　　大　　輔

昭和５６年１月２６日生

２　遺言執行者は、遺産である預貯金等について、相続人の同意を要することなく、単独で、名義変更、名義書換、払戻し、解約請求等一切の処分、取引を行うほか、貸金庫・保護預かり契約がある場合には、これを開扉の上、内容物を収受し、又は貸金庫・保護預かり契約を解約するなど、本遺言を執行するために必要な一切の行為（代理人の選任及び事務代行者の指定を含む。）をする権限を有する。

３　遺言執行者の請求に応じて、遺産である預貯金等の金融資産等を払い戻すなどした金融機関等は、その責任を免除されるものとする。

４　遺言執行者の報酬は、金●●万円（税別）とし、実費は別途相続財産から支弁するものとする。

【図表 35-④ 遺言公正証書の参考文例】

本旨外要件

●●●●●●●●●●●●

無 職

遺言者 ●● ●●

昭和●●年●月●日生

前記遺言者は、印鑑証明書の提示により人違いでないことを証明させた。

札幌市中央区大通西１１丁目４番地

行政書士千田大輔行政法務事務所

行政書士

証 人 千 田 大 輔

昭和５６年１月２６日生

前同所

行政書士補助者

証 人 ●● ●●

平成●●年●月●日生

前記遺言者及び証人に読み聞かせたところ、各自筆記の正確なことを承認し、以下に署名押印する。

遺言者 ●● ●●

証 人 千 田 大 輔

【図表35-⑤　遺言公正証書の参考文例】

証 人 ●● ●●

この証書は、●●年●月●日、当公証人役場において、民法第９６９条第１号ないし第４号の方式に従って作成し、同条第５号に基づき本公証人以下に署名押印する。

●●●●●●●●●●●●

●●法務局所属

公証人 ●● ●●

以 下 余 白

4　プロが教える遺言に関するノウハウ

簡易な遺言書の作成

遺言書を公証人や専門家のサポートなしに簡易に作成したいというご相談もよくあります。また、「親に遺言書を書いてもらいたいが高齢なので親の負担をなくしたい」、「遺言を遺す必要があるが、それほど財産はないし、特定の1人にだけ遺産を渡したいだけだから簡単に済ませたい」ということもあります。

そこで、そのような場合は次のような簡易な遺言書の作成で済ませることでもよいかと思います。

★法定相続人の1名に全財産を相続させる場合（自筆証書遺言）の簡易な遺言書例

遺言書
私の有する一切の財産は〇〇〇〇↑氏名（生年月日●年●月●日　住所●●●）に相続させる。
令和●●年●●月●●日↑遺言書作成日
●●●●↑遺言者の氏名記載　㊞

このような遺言書は、正式な遺言書（例えば、遺言公正証書の作成をする場合など。遺言公正証書を作成するには一定の時間が必要になります）をつくるまでの間にもしものことがあったときの備えとして、また、正式な遺言書を作成するが、作成するまでの間に遺言者の体調の異変が生じる可能性が高い場合などに、正式な遺言書を作成するまでの間の「つなぎ的な」遺言書として作成することもあります。

判断能力の弱っている遺言者であれば、複雑な遺言書の作成自体できないと思いますし、そのような状態の遺言者が複雑な遺言書を作成していた場合、それがかえって問題のある遺言書となることもあります（遺言者の相続人が遺言者の遺言能力に疑義を抱き、遺言の無効を求める訴訟を提起するようなケース）。

遺言書には極力、遺言執行者を定めたほうがよい

遺言執行者とは、遺言に書かれた内容を実現する者をいいます。もっと簡単に言うと、遺言を用いて各種相続手続をする者のことをいいます。

遺言執行者の定めが遺言にあれば、その権限の範囲が遺言によって制限されていない限り（遺言書で遺言執行者の権限を制限することもできる）、多くの権限が遺言執行者に集約されることになります。

通常の相続手続であれば、相続人全員の署名押印（実印）を求める書類の用意が必要になりますが、遺言が存在し、かつ、その遺言の中に遺言執行者の定めがあれば、遺言執行者だけの署名押印（実印）で相続手続が完了します。

遺言がある場合は被相続人の出生から死亡までの戸籍収集は不要

遺言がない場合の相続手続では、被相続人の出生から死亡までの戸籍収集がほとんどのケースで必要になります。

しかし、遺言が存在するケースでは、この戸籍収集の省略ができることが多いです。

遺留分がある相続人の数の確認を求めてくる手続先であれば、戸籍収集の省略ができないのですが、遺言がある場合は、遺言者の死亡の記載のある戸籍謄本（もしくは除籍謄本）と実際に財産を相続する方の戸籍謄本や住民票だけで相続手続が完結します。

遺言公正証書を作成する場合、証人2名は公証役場で紹介してくれることがある

前述したとおり、遺言公正証書の作成の場面では、遺言者と利害関係のない証人2名を遺言作成に立ち会わせる必要があります。証人になってくれそうな知人が周囲に見つからない場合でも、専門家に遺言公正証書の作成を頼むのであれば、専門家の方で事務所の職員から証人2名を手配してくれることが一般的です。専門家に頼まず遺言公正証書を作成したい方にとっては、近しい親族以外の証人を2名手配するのは結構大変です。

そのような場合は、遺言公正証書を作成する公証役場に相談し、証人の引受けをしてくれる人を紹介してもらえないか確認してみたらよいでしょう。証人に対するお礼は必要になりますが、公証役場の紹介の場合、専門家に頼むよりも安く引き受けてくれることが多いと思われます。

遺言者が危篤状態であっても遺言の作成ができることもある

筆者の事務所では、（一般）危急時遺言の作成という、遺言者が危篤状態の遺言作成を数件したことがあります。危急時遺言の作成には、3名以上の証人の立会いが必要となります。このときの証人も遺言公正証書作成のときと同じく、遺言者と利害関係のない者を証人にしなければなりません。

危急時遺言では、遺言者の意識レベルや判断能力のレベルがどの程度なのか、口頭で証人に遺言の意思伝達ができるのかがポイントになります。

証人においては、遺言作成時点で医師の診断書をもらっておくべき（遺言者が遺言をするだけの能力があるかないかの診断書）ですし、できればビデオカメラやスマホなどで危急時遺言をする際の場面を動画撮影したほうがよいです。

危急時遺言作成後、20日以内に家庭裁判所に遺言の確認の申立てをしなければなりませんが、その際、遺言作成時の遺言能力の点の調査が行われることになり、医師の診断書や動画撮影のデータ提供を求められることもあります。

ちなみに、危急時遺言は、パソコンでの作成もでき、証人のうち1名が遺言内容を書き留めることになります（遺言者は、遺言に何も記入する必要がありません）。遺言には、証人3名が署名押印することになります。

自分で字を書けない場合は遺言公正証書を選択して自署部分の代筆も公証人に依頼する

遺言書が病気のため、または手が不自由なため、遺言を自筆で書くことができないケースも多いのですが、この場合は、遺言の種類としては遺言公正証書を選択します。

遺言の本文全文は公証人が作成しますし、遺言者の自署部分（遺言者と証人２名がサインをする箇所があります）も、場合によっては公証人が代筆できることになっています。

遺言の変更を極力減らすような内容で遺言を作成する

遺言には、相続させる者もしくは遺贈する者を特定して書くことになりますが、その者が遺言者よりも先にまたは遺言者と同時に亡くなるようなことも考えられます。

そのような事態に備えて、遺言で指定した者とは異なる者に相続させる（または遺贈する）ということも遺言の内容にすることができます。これを予備的遺言と言います。

「私の有する一切の財産は●●に相続させる。ただし、●●が遺言者よりも先にもしくは遺言者と同時に死亡した場合は、●●に相続させるとした財産を▲▲に相続させる」というような具合です。

夫婦が揃って遺言を作成する際に、それぞれの遺言で自分か配偶者のどちらが先に死亡するかわからないようなケースや、遺言者の遺言時と死亡時の間に相当な期間が生じ得るようなケースの場合にこの予備的遺言を使うことが多いです。

第7章　必ずできる！　家族信託手続編

1　家族信託手続の流れ

家族信託手続の全体の流れを理解しよう

家族信託の手続をしようとする場合、その前提として、家族信託を使う必要性や目的を明確にすることからまずは始めることになります。専門家からのアドバイスで、その必要性に気づくこともあります。親の認知症対策のためなのか(財産管理)、2代先、3代先の資産承継(遺言の代用として)のためなのか、それともその両方なのかなどです。

本書では、財産管理や資産承継の新手法としての家族信託について解説をしていますが、家族信託はその他様々な機能があるので、まずはどんな目的（信託目的）があってこの家族信託を使うのか、なぜ家族信託を使う必要性があるのかを明確にしましょう。

また、信託行為の仕方（本書では信託行為は「信託契約」に絞って解説します）、信託契約の当事者の設計（誰を委託者、受託者、受益者にするかは最低限必要）、信託財産の範囲、信託設定の期間や終了の時期などのアウトラインもおおまかに決めることになります。

その後、できれば親族を集めて家族信託の利用について話合いの場も設けたほうがよいと思います。形式的であれ、委託者所有の財産が受託者に移ることになりますので、贈与ではなくあくまで家族信託であるということを信託契約の当事者以外の家族にも理解してもらうほうが後々のトラブル回避にもつながります。

こうして信託の目的・必要性の明確化を行い、基本アウトラインの決定、親族間での話合いも済んだところで、実際の手続に移っていきます。

家族信託手続のスタート

家族信託は、信託契約の組み方、税務上の知識、登記のルール、委託者の財産についての利害関係人調整、その他信託利用のための様々な注意すべき点の把握が必要になるので、なるべくですが、信託の制度や信託法全体について知識と経験のある方に相談をしながら信託契約をスタートさせたほうがよいと思います。筆者は行政書士ですが、士業では司法書士・弁護士・税理士に信託を専門に扱う事務所が多いと思います。

専門家の探し方は、インターネットを利用できる方は、「家族信託＋●●↑お住まいの地域」のようなキーワードで検索して、詳しそうな事務所に問い合わせてみることからはじめてもよいと思います。

インターネット環境のない方については、地域で開催されている家族信託に関するセミナーに参加し、そのセミナー講師に相談してもよいと思いますし、士業事務所をまとめる団体（行政書士会、司法書士会など）や法テラスなどに相談の申込みをしてもよいと思います。大抵は相談料無料でお話しを聞いてくれるはずです。

こうして信託契約手続の着手となりますが、次に信託契約は、通常、契約書の作成が必要になるので、その契約書を私文書で作成するか公文書（公正証書）で作成するかを検討します。

筆者は、極力、契約書は公正証書にすることをおすすめしています。専門家をアドバイザーとして信託契約を組む際も、多くの専門家からは公正証書による信託契約書の作成をすすめられると思います。やはり、法律のプロである公証人が最終的に信託契約書を作成しますので、より間違いが少なくなります（概ねどんな公証人も信託法の理解はあると思われます）。

また、完成した信託契約書を使用して、その後に金融機関に出向いて契約書の説明をしたり、不動産の所有権移転登記や信託設定の登記手続を取ったりする際、やはり公証人が作成した書類のほうが信用面でも高いのは間違いありません。公証人がフィルターをかけた文書になるからです。

なお、公正証書による信託契約を作成すると公証人手数料が発生します（信託財産の価格によって184ページ記載の図表33の手数料がかかることになります）。

2　信託財産別の家族信託手続――金銭のみの場合、金銭と不動産の場合

信託財産が金銭である場合に必要な手続

ここでは、よくあるケースとして、委託者と受益者が同一人になる場合（認知症対策としての信託契約）を想定して記述します。

委託者が金銭を受託者に信託する場合、通常は、委託者において有する預貯金の中から、全額もしくは一定の額の金銭を受託者側に引き渡す手続が必要になります。

預貯金口座そのものを信託財産にすることはできず（預貯金口座そのものは信託契約の際に譲渡の対象財産にできません）、あくまで委託者が有する金銭について信託の設定ができるだけですので注意が必要です。つまり、信託財産を金銭にする場合、多くの場合に委託者の預貯金口座から金銭の出金をする必要が生じるということです。

委託者が有するある預貯金口座の全額を信託する場合は、信託の設定後にその預貯金口座の解約手続を取ってもよいと思います。預貯金口座の解約をせずに、そのまま委託者において入出金の口座として利用する場合は（年金の受取口座になっている場合や日常生活費の引落口座になっている場合など）、一定額の金銭が貯まってきた段階で、受託者に対して金銭の追加信託をしてもよいと思います。

その逆で、委託者の預貯金口座をそのまま解約せずに利用をしたいが、残高不足で日常の生活費の引落しに足りなくなる場合は、信託設定の段階で必要な分だけその預貯金口座に金銭を残しておく配慮が必要でしょう。残高不足で（委託者兼）受益者の日常生活費が足りなくなってきた場合は、受託者において（委託者兼）受益者の日常生活費の引落口座に入金の手続を取ることも必要になります。

次に、信託財産が金銭である場合に受託者側で準備することについて解説します。

受託者においては、金銭を信託してもらう場合、信託法上、受託者の固有財産（受託者自身の金銭）と信託財産を分別して管理する義務が生じます。これを受託者の分別管理義務といいますが、この義務を守るためには、通常、受託者において預貯金口座の新規開設が必要になります。

新規口座開設の段階で、その預貯金口座が信託財産の管理口座であることを誰にでもわかるようにしておくためには、金融機関などに「信託口口座」である旨の表記を口座名義人名に入れるよう打診をするとよいでしょう。

しかし、実際の金融機関の取扱いは、そのような名義（信託口口座）での口座開設を断るケースも多いので、受託者の氏名で新規口座開設を行い、その新規口座の金融機関名や口座番号などを信託契約書に記載して、受託者の分別管理義務を果たしていくことでも問題はありません。

とにかく、信託財産（金銭）と受託者の固有財産が混じり合わないようにしっかりと分別できればよいということを頭に入れておくとよいでしょう。この受託者の預貯金口座(信託口口座)開設は、信託契約を交わす前後に行います。受託者において全く使用していない預貯金口座があれば、それを信託のための口座に使用することでもよいでしょう。

信託財産が不動産である場合に必要な手続

信託財産の中に不動産がある場合、信託契約書の作成後に所有権移転登記手続と信託設定の登記手続を同時に申請する必要があります。これは、この2つの登記手続を取らないと、その不動産が、現在、信託財産となっていることを第三者に主張できず、せっかく信託契約をしたとしても未登記ということで、その信託自体が不完全な権利関係となってしまうからです。

不動産を信託財産とする場合、信託契約書作成の段階で、受託者がその不動産をどの程度まで運用・管理・処分できるのか、その受託者の権限を明確にしておく必要があります。

信託契約書が出来上がりましたら、次に登記の手続に移っていきます。実際の登記手続は、複雑な面もあるので、登記のプロである司法書士に依頼すると安心して手続ができると思います。

司法書士に頼まず手続をする場合は、信託する不動産の所在地を管轄する法務局で、信託契約書作成段階で相談をしながら進めるとよいと思います。

所有権移転登記と信託設定の登記手続には、その登記申請の時点で登録免許税を納める必要があります。所有権移転登記は非課税ですが、信託設定の登記については、土地について不動産評価額の0・3％（本書執筆時点の税率）、建物について不動産評価額の0・4％（本書執筆時点の税率）の税金となっています。

司法書士にその登記手続を依頼する場合は、依頼する司法書士事務所が定める報酬が別途かかります。司法書士事務所により報酬は異なりますので、依頼する場合は、事前にどの程度の報酬がかかるのか確認をしたらよいと思います。

不動産が信託財産の場合に特に注意が必要なのは、前述したとおり、受託者がその信託された不動産をどの程度まで運用・管理・処分できるのかということです。どの程度の権限があるのかを信託契約書の中で明確にしておかないと、受託者がせっかく不動産を信託されたとしても、その不動産を使って資産運用したり、売買処分して受益者に換価された金銭を引き渡すことができなくなる恐れもあります。

また、信託する不動産に抵当権が付いている場合（不動産購入時のローンが残っている場合）、信託契約前に債権者側（お金を貸している側）に対し、信託設定の通知や相談もしておくべきでしょう。不動産のオーナーが形式的であれ変更になるので、債権者側の判断も仰いでおく必要があります。抵当権設定契約上の義務違反にならないように、そのあたりはよく相談してください。

賃貸不動産の信託であれば、物件の借主から支払われる賃料の振込先口座も通常は受託者の口座に変更することになりますので、その通知も受託者から不動産借主側（管理会社が入っていれば、管理会社）へ行う必要があります。

その他、不動産の火災・地震保険会社へのオーナー変更の通知、固定資産税の関係官公署への届出なども行います。

3　信託財産別の信託契約書の作成方法―金銭のみの場合、金銭と不動産の場合

信託財産が金銭のみの場合

この信託契約書の実際の活用事例としては、高齢の親（委託者）がその子（受託者）に対して、

委託者の認知症等による資産凍結（預金の名義人が認知症になり判断能力がなくなると、いくら子であってもその親の預金口座から金銭を引き出すことができなくなる）がされてしまうことが考えられます。それに備え、委託者が元気なうちに委託者の金銭を受託者に託して、受託者が受益者（通常ここではその親を受益者にします）の将来の生活のために信託された金銭を運用・管理する場面を想定しています。

親の資産が認知症等により事実上凍結されてしまうと、その親のために使用する費用を預貯金口座から引き出すことができなくなり、その解決策としては事後的には成年後見制度の利用しかなくなります。

成年後見制度の利用では、財産管理人（成年後見人）を確実に指定できず、本人にとっては思ってもない成年後見人が選任されてしまうこともあります。特に専門職の成年後見人（弁護士や司法書士など）が選任された場合は、専門職に対するコスト上のデメリットやこれまで本人の面倒をみてきたものが成年後見人になれず、親族にとって意に沿わない財産管理をお願いせざるを得ない状況になることもあります。

そのような状況にならない生前対策の方策として、この信託契約書を作成するとよいでしょう。

信託財産が金銭と不動産の場合

信託財産が金銭と不動産の場合の信託契約（公正証書）案としては、図表36のようになります。

【図表 36-① 信託財産が金銭と不動産の場合の信託契約公正証書案】

年第　　号

信託契約公正証書

本公証人は、委託者 ●● ●●（以下「甲」という。）と受託者 ●● ●●（以下「乙」という。）の依頼を受けて、双方の述べる契約の内容を聞き、その趣旨を書き取ってこの証書を作成する。

（本契約の趣旨）

第１条 甲と乙は、甲が乙に対して第３条記載の財産（以下「本件信託財産」という。）を譲渡し、乙がその譲渡を受けた本件信託財産を第２条に掲げる目的（以下「本件信託の目的」という。）に従い管理し、かつ、本件信託の目的を達成するために必要な行為をなすべき旨の契約を締結する（以下「本契約」又は「本信託」という。）。

（信託の目的）

第２条 本信託は、乙が本件信託財産の管理することにより、甲の生涯の生活を支援することを目的とする。

（信託財産）

第３条 本信託の信託財産は、別紙信託財産目録記

【図表36-②　信託財産が金銭と不動産の場合の信託契約公正証書案】

載の不動産（以下「信託不動産」という。）及び金融機関に預貯金をしている金銭（以下「信託金融資産」という。）とする。

（信託財産の追加）

第4条　甲は、その有する財産（本信託の信託財産を除く。）を、乙の同意を得て、信託財産の中に組み入れることができる。

（委託者及び受益者等）

第5条　本信託の委託者兼受益者たる甲は、次の者である。

住所　●●●●●●●●●●●●●●

氏名　●●　●●（昭和●年●月●日生）

2　委託者の地位は、甲の死亡によって相続人に承継されない。

3　甲は、本信託の受益権を譲渡し又は質入れすることはできない。

（受託者）

第6条　本信託の受託者たる乙は、次の者である。

住所　●●●●●●●●●●●●●●

氏名　●●　●●　（昭和●年●月●日生）

【図表36-③　信託財産が金銭と不動産の場合の信託契約公正証書案】

（信託財産の引渡し）

第7条　甲は、乙に対し、本信託開始日に、信託不動産を、その所有権移転登記手続及び信託の登記手続を行うことにより引き渡すものとする。登記費用は、甲が支払うものとする。

2　甲は、乙に対し、本信託開始日に、信託金融資産を引き渡すものとする。

（信託不動産の管理・運用）

第8条　乙は、信託不動産を、居住用不動産として、甲に使用させるものとする。

2　乙は、前項の目的を達成するため、信託不動産について、必要な保全、修繕又は改良を行うものとする。

（信託金融資産の管理・運用）

第9条　信託金融資産は、信託期間中、以下の信託専用口座で管理運用するものとする。

金融機関名　●●銀行

支店名　●●支店

預金種類　普通預金

口座番号　●●●●●●

【図表36-④　信託財産が金銭と不動産の場合の信託契約公正証書案】

口座名義人　　●●　●●

2　乙は、信託不動産に関する公租公課の支弁、信託不動産の修繕、保全その他信託事務の処理に必要な費用、甲の生活費、医療費その他本信託の目的を達成するために必要な費用を、信託金融資産から支出する。

（善管注意義務）

第10条　乙は、信託財産の管理、処分その他の信託事務について、善良な管理者の注意をもって処理するものとする。

（信託事務処理の第三者への委託）

第11条　乙は、信託事務の処理を第三者に委託することができる。ただし、本信託の目的に照らして適切な者に委託しなければならない。

2　前項の規定により、信託事務の処理を第三者に委託したときは、乙は、当該第三者に対し、本信託の目的の達成のために必要かつ適切な監督を行わなければならない。

（信託費用の償還）

第12条　乙は、甲から信託事務処理に係る費用の

【図表 36-⑤　信託財産が金銭と不動産の場合の信託契約公正証書案】

償還又は前払を受けることができる。

（信託報酬）

第１３条　乙の本信託における信託報酬は、無報酬とする。

（信託の計算等）

第１４条　本信託の計算期間は、毎年１月１日から同年１２月３１日までとし、計算期間の末日を計算期日とする。ただし、最初の計算期間は、信託開始日から令和●年●月●日から同年１２月３１日までとし、最終の計算期間は、直前の計算期日の翌日から信託終了日までとする。

２　乙は、前項の計算期日に信託の計算を行い、信託財産の状況に関する報告書及び信託計算書を作成し、乙に提出しなければならない。

（信託の変更）

第１５条　本信託は、甲及び乙の合意によって信託の変更をすることができる。

（信託の終了）

第１６条　本信託は、甲の死亡により終了するものとする。

【図表 36-⑥　信託財産が金銭と不動産の場合の信託契約公正証書案】

（信託終了時の帰属権利者）

第１７条　本信託が終了した場合における帰属権利者は乙とする。

嘱託人の住所、職業、氏名、年齢その他公証人法第３６条による本旨外の事項は、以下のとおりである。

住所　●●●●●●●●●●●●

無　職

委託者甲　　　　　　　　●●　●●

昭和●年●月●日生

委託者甲は、印鑑証明書の提出により人違いでないことを証明させた。

住所　●●●●●●●●●●●●

職業　会社員

受託者乙　　　　　　　　●●　●●

昭和●年●月●日生

受託者乙は、運転免許証の提示により人違いでないことを証明させた。

この証書は、令和●年●月●日、●において、法律の規定に従い作成し、列席者に閲覧させたところ、各自これを承認し、本公証人と共に以下に署名押印する。

【図表 36-⑦　信託財産が金銭と不動産の場合の信託契約公正証書案】

●●　●●

●●　●●

●●●●●●●●●●●●

●●法務局所属

公証人　　　●●　●●

【図表 36-⑧　信託財産が金銭と不動産の場合の信託契約公正証書案】

昭和●年●月●日生

受託者乙は、運転免許証の提示により人違いでないことを証明させた。

この証書は、令和●年●月●日、●において、法律の規定に従い作成し、列席者に閲覧させたところ、各自これを承認し、本公証人と共に以下に署名押印する。

●●　●●

●●　●●

●●●●●●●●●●●●●

●●法務局所属

公証人　　　●●　●●

【図表 36-⑨　信託財産が金銭と不動産の場合の信託契約公正証書案】

別紙

信　託　財　産　目　録

1　信託不動産

(1)　土地

所在：●●●●●●●●●●●●

地番：●●番●●

地目：宅地

地積：●●●.●●㎡

(2)　建物

所在：●●●●●●●●●●●●

家屋番号：●●番●●

種類：居宅

構造：木造亜鉛メッキ鋼板葺２階建

床面積：１階　●●.●●㎡

２階　●●.●●㎡

2　信託金融資産

金●●万円

この信託契約書は、金銭に加えて不動産も信託財産に加えた内容となっています。金銭の他に不動産を有する親（委託者兼受益者）のため、その子（受託者）が金銭の管理と不動産の運用・管理・処分もできる権限を付与されることにより、親が認知症になり、親の資産が事実上凍結されるリスクを回避する場面を想定しています。

親が認知症になった場合の不動産の処分については、売買契約の場面で問題になります。不動産の売買契約は、その不動産の金額の多寡にかかわらず、重要な財産の処分になることが多く、正常な判断能力がないと売買契約自体が行えません。不動産の売主の判断能力に疑問がある場合、買主としては売買契約成立後に契約が無効であると主張されるリスクもあることから、売買契約自体をしないということになります。

また、不動産売買の仲介業者や売買登記に立ち会う司法書士にも高度な注意義務があるので、売主の判断能力に問題がある場合、不動産売買の仲介や登記申請を拒否されるリスクもあります。

このような問題に対応するために、この信託契約書では、金銭のみならず、不動産もその信託財産に加えて、認知症対策としての信託契約案としています。

4　複雑な信託もこれだけおさえれば理解できる

本書では、家族信託について、知識編、手続編に分けて解説してきましたが、信託の仕組みをはじめて学ぶ人は、1回本書を読んだだけでは家族信託の全体像を明確にイメージできないこともあるかと思います。

そこで、本書をお読みいただいた方に対し、筆者としては次の点だけを意識してほしいと思います。そうすれば、信託の仕組みは結局こういうことかとイメージが湧くと思います。

●家族信託は、財産管理を成年後見制度や任意後見制度を使わず、信託契約等の設計の仕方により、自由度の高い財産管理を実現する制度です。後見制度を利用することによるコストの増加や厳格な財産管理のルール適用によって、これまで多くの問題を生じさせていた事項が、家族信託の利用により解決できるようになりました。

●家族信託は、信託契約等の設計の仕方により、遺言と同じような機能を持たせることができ、また、遺言では実現できない2代先、3代先（場合によってはそれ以上先の代）の財産の承継を可能とする自由度の高い財産承継の制度です。遠い将来における資産の承継者を今からしっかりと決めておきたい場合は、家族信託を組むことによって思いがけない者への資産の流出を避けることができます。

これらが、家族信託の全体像を理解するための最小限で簡易的な説明となります。

実際の信託契約等は、多くの想定される信託目的別に細かな知識の積重ねが必要ですので、信託を設定する場合は専門家のサポートも必要になると思いますが、全体像を理解していただくことにより、もっとこの家族信託の活用場面が増えていくことを筆者は望んでいます。

著者略歴

千田　大輔（せんだ　だいすけ）

北海道札幌市出身。1981年生まれ。

北海学園大学法学部1部法律学科卒業。

行政書士（2004年合格）。相続診断士。北海道行政書士会所属。

専門分野：相続・遺言・生前対策（家族信託）

2005年、行政書士千田大輔行政法務事務所開業。北海道札幌市内と札幌近郊を中心に、相続・遺言・生前対策（家族信託や死後事務委任契約、贈与など）のサポート業務に専門特化し、これまで相談件数5000件以上、相続遺言関連の手続サポートを毎年200件以上行っている。
◇著者の連絡先：　〒060-0042
北海道札幌市中央区大通西11丁目4番地　登記センタービル4階
事務所名：行政書士　千田大輔　行政法務事務所
電話：011（213）0901　　メール：info@spr-dsgyousei.com
ホームページ：https://spr-dsgyousei.com/souzoku/（相続専門サイト）
ホームページ：https://spr-dsgyousei.com/igon/　（遺言専門サイト）
ホームページ：https://spr-dsgyousei.com/seizentaisaku/（家族信託専門サイト）

改訂版
必ずできる！　相続・遺言・家族信託の手続ガイド

2020年3月18日 初版発行
2024年6月26日 改訂版初版発行

著　者　千田　大輔　© Daisuke Senda
発行人　森　　忠順
発行所　株式会社 セルバ出版
〒113-0034
東京都文京区湯島1丁目12番6号 高関ビル5B
☎03（5812）1178　FAX 03（5812）1188
http://www.seluba.co.jp/
発　売　株式会社 三省堂書店／創英社
〒101-0051
東京都千代田区神田神保町1丁目1番地
☎03（3291）2295　FAX 03（3292）7687

印刷・製本　株式会社丸井工文社

●本書の内容に関する質問はFAXでお願いします。

Printed in JAPAN
ISBN978-4-86367-899-6